生死學叢書
傅偉勳 主編

回歸眞心

——生命倫理的探求

川喜田愛郎　松原泰道
奈良康明　松長有慶　著
陳玉英　譯
林水福　審閱

東大圖書公司

國家圖書館出版品預行編目資料

同歸眞心：生命倫理的探求／川喜田愛郎 松原泰道 奈良康明 松長有慶著 陳玉英譯林水福審閱. --初版. --臺北市：東大發行；三民總經銷，民86

面； 公分. --(生死學叢書)

ISBN 957-19-2158-0 (平裝)

1.生死觀 2.職業倫理-醫學

191.9 86012009

國際網路位址 http://sanmin.com.tw

© 同歸真心
——生命倫理的探求

著作人 川喜田愛郎 松原泰道 奈良康明 松長有慶
譯者 陳玉英
審閱者 林水福
發行人 劉仲文
著作財產權人 東大圖書股份有限公司
發行所 東大圖書股份有限公司
臺北市復興北路三八六號
地址／臺北市復興北路三八六號
電話／五〇〇六六〇〇
郵撥／〇一〇七一七五──〇號
印刷所 東大圖書股份有限公司
總經銷 三民書局股份有限公司
門市部 復北店／臺北市復興北路三八六號
重南店／臺北市重慶南路一段六十一號
初版 中華民國八十六年十一月
編號 E 19035
基本定價 貳元貳角
行政院新聞局登記證局版臺業字第〇一九七號

ISBN 957-19-2158-0 (平裝)

KOKORO NO FUKKEN

「生死學叢書」總序

兩年多前我根據剛患淋巴腺癌而險過生死大關的親身體驗，以及在敝校（美國費城州立天普大學宗教學系所講授死亡教育(death education)課程的十年教學經驗，出版了《死亡的尊嚴與生命的尊嚴——從臨終精神醫學到現代生死學》一書，經由老友楊國樞教授等名流學者的強力推介，與臺北各大報章雜誌的大事報導，無形中成為推動我國死亡學(thanatology)或生死學(life-and-death studies)探索暨死亡教育運動的催化「經典之作」（引報章語），榮獲《聯合報》「讀書人」該年度非文學類最佳書獎，而我自己也獲得「死亡學大師」（《中國時報》）、「生死學大師」（《金石堂月報》）之類的奇妙頭銜，令我受寵若驚。

拙著所引起的讀者興趣與社會關注，似乎象徵著，我國已從高度的經濟發展與物質生活的片面提高，轉進開創（超世俗的）精神文化的準備階段，而國人似乎也開始悟覺到，涉及死亡問題或生死問題的高度精神性甚至宗教性探索的重大生命意義。這未嘗不是令人感到可喜可賀的社會文化嶄新趨勢。

配合此一趨勢，由具有基督教背景的馬偕醫院以及安寧照顧基金會所帶頭的安寧照顧運動，有了較有規模的進一步發展，而具有佛教背景的慈濟醫院與國泰醫院也隨後開始鼓動臨終關懷的重視關注。我自己也前後應邀，在馬偕醫院、雙蓮教會、慈濟醫院、國泰集團籌備的臨終關懷基金會第一屆募款大會、臺大醫學院、成功大學醫學院等處，環繞著醫療體制暨醫學教育改革課題，作了多次專題主講，特別強調於此世紀之交，轉化救治(cure)本位的傳統醫療觀為關懷照顧(care)本位的新時代醫療觀的迫切性。

在高等學府方面，國樞兄與余德慧教授（《張老師月刊》總編輯）也在臺大響應我對生死學探索與死亡教育的提倡，首度合開一門生死學課程。據報紙所載，選課學生極其踴躍，居然爆滿，出乎我們意料之外，與我五年前在成大文學院講堂專講死亡問題時，十分鐘內三分之一左右的聽眾中途離席的情景相比，令我感受良深。臺大生死學開課成功的盛況，也觸發了成功大學等校開設此一課程的機緣，相信在不久的將來，會與宗教（學）教育、通識教育等等，共同形成在人文社會科學課程與研究不可或缺的熱門學科。

我個人的生死學探索已跳過上述拙著較有個體死亡學(individual thanatology)偏重意味的初步階段，進入了「生死學三部曲」的思維高階段。根據我的新近著想，廣義的生死學應該包括以下三項。第一項是面對人類共同命運的死之挑戰，表現愛之關懷的（我在此刻所要強調的）「共命死亡學」（destiny-shared thanatology），探索內容極為廣泛，至少包括（涉及自殺、死刑、安樂死等等）死亡問題的法律學、倫理學探討，醫療倫理（學）、醫院體制暨醫學教育改革課題探討，（具有我國本土特色的）臨終精神醫學暨精神治療發展課題之研究，老齡化社會的福利政策及公益事業，死者遺囑的心理調節與精神安慰，「死亡美學」、「死亡文學」以及「死亡藝術」的領域開拓，（涉及腦死、植物人狀態的）「死亡」定義探討，有關死亡現象與觀念以及（有關墓葬等）死亡風俗的文化人類學、比較民俗學、比較神話學、比較宗教學、比較哲學、社會學等種種探索進路，不勝枚舉。

第二項是環繞著死後生命或死後世界奧祕探索的種種進路，至少包括神話學、宗教（學）、文學藝術、（超）心理學、科學宇宙觀、民間宗教（學）、文化人類學、比較文化學，以及哲學考察等等的進路。此類不同進路當可構成具有新世紀科際整合意味的探索理路。近二十年來愈行愈盛的歐美「新時代」（New Age）宗教運動、日本新（興）宗教運動，乃至臺灣當前的種種民間宗教活動盛況等等，都顯示著，隨著世俗界生活水準的提高改善，人類對於死後生命或死後世界（不論有否）的好奇與探索興趣有增無減，我們在下一世紀或許能夠獲致較有「突破性」的探索成果出來。

第三項是以「愛」的表現貫穿「生」與「死」的生死學探索，即從「死亡學」（狹義的生死學）轉到「生命學」，面對死的挑戰，重新肯定每一單獨實存的生命尊嚴與價值意義，而以「愛」的教育幫助每一單獨實存建立健全有益的生死觀與生死智慧。為此，現代人的生死學探索應該包括古今中外的典範人物有關生死學與生死智慧的言行研究，具有生死學深度的文學藝術作品研究，「生死美學」、「生死文學」、「生死哲學」等等的領域開拓，對於「後傳統」(post-traditional)的「宗教」本質與意義的深層探討等等。我認為，通過此類生死學的種種探索，我們應可建立適應我國本土的新世紀「心性體認本位」生死觀與生死智慧出來，有待我們大家共同探索，彼此分享。

依照上面所列三大項現代生死學的探索，這套叢書將以引介歐美日等先進國家有關死亡學或生死學的有益書籍為主，亦可收入本國學者較有份量的有關著作。本來已有兩三家出版商請我籌劃生死學叢書，但我再三考慮之後，主動向東大圖書公司董事長劉振強先生提出我的企劃。振強兄是多年來的出版界好友，深信我的叢書企劃有益於我國精神文化的創新發展，就立即很慷慨地點頭同意，對此我衷心表示敬意。

我已決定正式加入行將開辦的佛光大學人文社會科學學院教授陣容。籌備校長龔鵬程教授屢次促我企劃，可以算是世界第一所的生死學研究所(Institute of Life-and-Death Studies)之設立。希望生死學研究所及其有關的未來學術書刊出版，與我主編的此套生死學叢書兩相配合，推動我國此岸本土以及海峽彼岸開創新世紀生死學的探索理路出來。

一九九五年九月二十四日傅偉勳序於
中央研究院文哲所（研究講座訪問期間）

「生死學叢書」出版說明

本叢書由傅偉勳教授於民國八十四年九月為本公司策劃，旨在譯介歐美日等國有關生死學的重要著作，以為國內研究之參考。傅教授從百餘種相關著作中，精挑二十餘種，內容涵蓋生死學各個層面，期望能提供最完整的生死學研究之參考。傅教授一生熱心學術，對推動國內的生死學研究風氣，更是不遺餘力，貢獻良多。不幸他竟於民國八十五年十月十五日遽爾謝世，未能親見本叢書之全部完成。茲值本書出版之際，謹在此表達我們對他無限的景仰與懷念。

東大圖書公司編輯部　謹啟

序

「醫療與宗教協會」創立於昭和五十九年十二月；在此之前，日本醫學界不曾把屬於科學領域的醫學和宗教一同思考。

十年前日本醫學界開始研究「臨床死亡」，此後，不僅是研究會會員，舉凡醫生、護士以及其他醫護人員也都開始透過死亡來了解生命。

「醫療與宗教協會」是由全國重視宗教功能的醫生、護士、社工人員與佛教、基督教、神道等各派宗教家共同創立，他們期待以更寬廣的角度去思考生與死的問題。

本書中所蒐集的論文皆是以生死與宗教醫療的角度所寫成，在每個月的聚會中發表；我想這大概是日本最先以這類主題為文的出版品吧！相信此書將給一向對生命採取冷漠態度的醫學界以及和醫學界毫不相容的宗教界帶來一大衝擊，更期待透過此書提供日本醫學界一大新方向。

聖路加看護大學校長

日野原　重明

回歸真心

——生命倫理的探求

目次

近代醫學與倫理

川喜田愛郎

一、前言

・紙上談兵

訂了「近代醫學與倫理」這麼大的論題，一直深恐內容會有不完備之處。不過，關於這類論題，畢竟多少曾經鑽研過，有本人不同於他人的看法，這對於各位應該會有所助益。不過本論題可探討之處仍多，所以未能在此導引出任何結論。

實際上，本人是「無教會主義」的基督教徒，也是體衰力弱的老兵。但以前終究曾是專門的醫學學者，現在亦想伸展所學。雖然不至於認為像古時宗教與科學鬥爭史上有著時代性的特色，但到了現代，從事和科學有關的職業與信仰基督教兩者之間，的確也會產生許多嚴肅而矛盾的緊張關係。生活於其中，若不是和信仰打馬虎眼，不然就得曚蔽科學的精神。即使無視於兩者的矛盾，生活裡仍被迫選擇和兩者妥協，過著懈怠、懶惰的日子。要是不想做如此選擇，它終將是心理上極為難解的問題。從事專門性的自然科學、社會科學或文化人類學等研究的人士，所採取的角度雖然不同，但應該也會有類似情形。恐怕立場不同但有同感的人是很多的。

關於宗教的其他問題，容後有時間再討論，現在僅先就科學面來思考現代醫學的問題。一九八六年的春天，日本醫史學會召開「醫療倫理的歷史」這項專題討論會。我也受邀參加，會中談到西洋醫療倫理歷史的問題。在會後的聯誼會，大家站著聊天時，某位我向來敬重的年輕友人就率直地批評：「各位在會上所說的話都太過冠冕堂皇，沒有針對今日醫療界的現況作出任何反省，也沒有表明各人的立場。」事實上，他的話觸及我曾經想過但一直不敢面對的弱點。

雖然我是一名醫學學者，但原本只在基礎醫學的領域研究，遺憾的是沒有任何實際的臨床經驗。因此，一直以來，當自己思考或要在人前談論醫療倫理這類問題時，會因不夠資格而感到愧疚不安，深受良心的責備。

聯誼會後，我反省了二、三天，覺得我所接受的訓練只教我說「冠冕堂皇」的話。與其說冠冕堂皇，不如說我的話都是強辭奪理。不過，站在那些臨床上日夜辛苦奮鬥研究的人士面前，即抱持「臨床現場不應說如此漫不經心的話」的意見人士面前，我必須嚴肅地說「我是個具備不同經歷的閒人，暫且置臨床實務於一旁，光是就這個主題以個人觀點發表看法，相信並非全無助益。」雖然仍深感愧疚不安，但更明白今日醫學正到了不得不深思反省的迫切狀況。

在這裡我先說一件有關的事。以前我服務的機關團體常召集學生舉行各種討論會，有一次幹事問我「下次就訂安樂死的題目，好不好？」當時身為負責人的我馬上拒絕他的提案。

我並不否認安樂死是個重大的問題，這個從以前就存在的問題到了現代仍然需要大家重新認真地思考。但恐怕只有在現場深為煩惱是否該讓患者安樂死或進行類似安樂死行為，或以後將有機會面對如此難以解決的臨床人士，以及自己的雙親、孩子或本身就是患者，只有有這些經驗的人才有發表看法的資格。因為安樂死是須嚴肅且謹慎面對的重大問題，所以我很反對人們一窩蜂談論安樂死的隨便態度。當然每個人都有思考問題的自由，不過毫無「畏懼」地參與話題，究竟是不負責任的態度。

說出上述這番話，是因為自己從未遇到任何臨床上難以解決的問題，但不論如何，總之在毋須負任何責任的問題上，隨便發表意見的這種行為，我會感到心情沉重而不得不先說明。

接下來我要發表的看法，就和臨床的問題無關。我的意見如前面小標題所示，全是紙上談兵，這是我想先聲明的。說是紙上談兵，是因為我的論文沒有直接涉及患者生活面的重大問題，諸如面臨死亡的患者及其親朋的悲痛、苦惱，以及預期性的經濟問題等等。我的論文重點是放在引發上述多樣事態的醫師及醫學的問題上，即關於醫師及醫學的責任及處理的問題。至於其他部份，我就無法探討，必須暫且置之不論。關於這點，基於各人皆有自己學問研究的領域，希望各位能諒解。

二、從歷史面探討醫學倫理

‧帶領思考進展的前提

一般常用「醫道頹廢」來形容現今的醫學界。報紙經常記載，人們也常脫口而出。例如最近就常報導某某醫院違法的行為，而醫師缺乏道德的行為更令人不齒。

厚生省（譯註：相當我國的衛生署）管轄下有個醫道審議會，聽起來是相當有作為的機關單位。我雖不清楚該單位負責什麼事務，但就報紙刊載的消息內容，得知該單位正在進行一項低俗的議題，討論是否應當針對某特定不道德的醫生撤消其執照，我對於這件事感到失望。所謂「醫道」是不應該如此進行討論的。

即使再怎麼對世事不熟悉的小市民，透過報紙都會明白現實生活中，今日的醫療界正充斥著不法行為。說得嚴重些，我們所知道的消息也許不過是浮出水面的冰山一角罷了。其實報紙刊登或醫道審議會討論的例子，只能算是幾個極端的情形。我們必須承認醫德不良的事態充斥在日常生活之中。

在此，我們必須先考慮到兩件事情。第一、雖然人有千百種想法、觀點，但人性中的確存在著向惡的念頭。世間醜聞不會只集中於政治界及演藝界，連遠離世俗的羅馬梵蒂岡或某些宗教的總寺院這麼神聖的地方都會傳出醜聞。冷酷無情的歷史常告訴我們關於人類的腐敗惡行。在這裡，我們不用繼續討論人性本惡這一類問題。但無論如何不能否認人性有向惡的傾向。不冷靜徹底認清的話，我們所發表的看法都將只是「漂亮話」。當然「認清」和「相信」也會有所差別。

在上述前提下，我們必須承認的第二件事實，即醫療這個職業會有往頹廢發展的傾向。醫療行為本來就會牽涉到病患的隱私，而藉以提供技術性幫忙的服務。然而，當演變成強者與弱者的關係後，再加上病患須付給醫生職業上金錢的報酬時，就潛藏助長醫業頹廢的各種因素。我們也無法否認從事醫療原本即是一件危險的工作。

・希波克拉底誓言及倫理綱領的發展歷史

談到醫學倫理，我們會馬上想到有名的「希波克拉底誓言」（譯註：西元前四世紀有關醫學倫理的最早文獻）。這份文獻歷經許多時代仍為醫學倫理的典範，但書裡有許多觀點是貿然斷定的。在仔細閱讀之後，我並不認為這一份評價極高的文獻有特別的意涵。

今日醫學歷史界有一項通識，認為這份誓言並非出自希波克拉底之手。依目前普遍受到認同的著名古典學者埃迪爾施坦因的說法，「希波克拉底誓言」乃畢達哥拉斯學派入門的誓約書。畢達哥拉斯學派是由一群信仰畢達哥拉斯學說的權威醫生所組成。

閱讀「希波克拉底誓言」，可知其前半極為詳細寫明醫者組織的內部規律，例如：應免費教導老師的孩子之類。書的後半則可以看到明確的倫理性及道德性的內容。書裡每一條誓言都有其意義，不能說這些條例沒有水準。但是像其中有句「不論患者是奴隸或者是市民，醫者不得和患者結交私誼」的誓言，以今日的眼光看來是極為無聊的。

閱讀這份古老的文獻，當然必須考慮到當時的時代及社會背景。不過從文獻上鄭重其事的誓言，我們不難發現其中正透露出醫療職業是項充滿誘惑且容易使人墮落的工作。中世紀時，醫學被職業化，成為一種專門職業，人們重新意識到有關醫學的問題。不過其中令人覺得諷刺的，就是希波克拉底名聲的權威，另外一項諷刺的事實是中世人們為取得教會的認同，而以受到高度評價的「誓言」當成醫生的倫理綱領。

根據基本知識，大家應了解 profession 在西歐原本是用來稱呼醫師及律師等特殊種類的工作。因為這些特殊工作者必須接受長期的專門訓練，而且其職務內容對於依賴者來說，的確有很多無法正確了解的地方。同樣是接受報酬而成立的這類職業，若任由人隨意擔任的話，將會擾亂社會秩序，所以必須提供這類職業的保證。因此唯有通過公開資格考試的人才能擁有執照，准許其營業。同時該職業團體有義務以某種形式向世人公佈其職業倫理。

前述是就歷史性意義了解 profession 在社會學上的概念以及它在中世西歐成立的由來。這種觀念仍然持續到今日。目前我們知道的職業規約都是參照以前不同的規約訂立。現代最廣為人知的規約是十九世紀中葉由美國醫師學會在第一次總會上制訂的，它包含當時美國特殊的社會背景，這項規約後來成為各國醫師學會的共通基準模範。

按照這些過程完成的所謂倫理規約，雖稱之為倫理，其實更接近營業規定。那些規約充其量都是一些場面話，講得難聽點就像政府的施政方針，中看不中用。

・醫者仁心仁術

進一步來說，為什麼醫學倫理近年來會逐漸受到大家的重視與關心？我認為原因在於以前醫者與患者之間，原本即存在著的醫療服務行為是無條件的善的信念或彼此之間相互了解的默契。從歷史面觀察，似乎沒有人曾經仔細推敲過醫療本身的倫理性意義，可說從來沒有人加以正視和研究過。之前提過的職業規約問題，因性質不同，暫且在此不提。另外所謂醫師有保守秘密之義務及應診之義務，這些都是理所當然的事，不過就語言本身來說和倫理意義之間仍有差距。

讓我們追本溯源，重新思考醫療的意義。以個人觀點來說，由醫者和患者所構成的行為關係，可以說是一種人際關係，而且是極為親密的人際關係。例如：女性因看診必須在異性醫師的面前脫掉衣服，醫師也有權深入干涉患者本身及與其家人有關的隱私。面對這種難堪的情況，患者很多時候不管自己是否願意都必須接受。

像醫療這種相當具有特殊行為模式的人際關係，在本質上本就應具有倫理性意義。而且醫術發展到今日，更遠非符咒或魔術而已，而是一種技術，也就是以近代科學為基礎發展的所謂「科學技術」。

因此我認為醫療的本質應具有「技術性・倫理性」的意義，即兼有技術與倫理的發展特性，是其他種類所沒有的特殊人際關係。就技術面來說，原則上是對「物」發揮人的專門本領。但是醫療不同於其他技術，是以「人」為對象來發展的，因此是一項獨特且需有卓越才能的技術。同時因為它是由人與人之間的關係所構成，自然應具有倫理關係和人倫的意義。不過，那真的就是醫術的本質意義嗎？

醫術原是一種利他性的行為。以前人們即認為其服務原則就是無條件的善。人們會說出「醫道頹廢」這句話的背景，即在於面對「本質是善的醫術，到了今日已經難以看見」的現狀下所發出的情緒性感慨。根據日常所見，我也深有同感，身為醫學界的一份子很慚愧的是沒有否認的理由。

醫療本質上究竟是不是善，人們是否應該認同其善這些問題，我認為在學術上有必要再做檢討。特別是在現代，有很多原因促使人們需重新加以探討。

醫師這個行業一直被認為是立於無條件的善的立場。但是就技術層面而言，醫者與患者之間存在著明顯的非對稱性關係。簡單來說，醫師擁有單方面的治療技術，患者只能被動地接受，不能有任何異議，即只有片面的關係存在。暫且不提是否適合用強者與弱者的關係來形容，但無可否認的醫者與患者之間的確存在著不協調的一面。在已默認存在著強者與弱者關係的前提下，為了使醫術仍立於無條件的善的基礎，所以產生了「醫者仁心仁術」這樣崇高的詞語。或許是我自己太過乖僻，對「醫者仁心仁術」這種封建又具權威主義的詞語總感到厭惡。

其實，惡名昭彰的醫者也並非今日才出現的。早在古代的小普林尼 Gaius Plinius Caecilius Secundus（六一？—一一四？年）所寫的書中即已出現，到了近代，像珮特拉爾克、伊拉斯莫斯及莫利埃爾等學者也不時譏諷或貶低醫者。然而正如先前所說，醫療本身有很多根深蒂固的頹廢因素，醫療的本質也無法簡單探究清楚。

醫術雖不是無條件的善，但的確是件偉大的工作。療養所著名的托爾德墓碑銘裡有句話"To cure occasionally, to relieve often, to comfort always"（偶而進行治療，時常緩和痛苦，不斷鼓勵以增加勇氣），是一句最能表現醫療意旨的話。如果醫療的善能表現出如上一句話的理想，我會樂於贊同。但是我們必須注意一項無法忽略的事實，即人們對於醫療所抱持的單純信賴，已隨著近代化的發展而搖搖欲墜。

三、科學化的醫學

・生物學的發達與醫學

談完上述的前提之後，以下就進入「近代醫學與倫理」的正文。

記得以前學校的老師常常提醒我們，「醫師的責任不是只單單治病，而是必須治好病人。」這句話說得一點也沒錯。

據我所知，最早說出這句話的是十九世紀末有名的內科學者——黑爾曼・諾特那格爾，他是歷史上優秀的臨床醫學家。他曾擔任維也納大學的教授，並發表過一場就職演說，因其內容非常精彩，所以留傳至今。上述名言便首次出現在這場演說中。

仔細思考這句話的歷史脈絡，會發現一個有趣的問題。十九世紀後半是西洋醫學在治療及預防等實務醫學上進步最大的時代，他們的水準遠超過中國及印度等東洋醫學。這是距今不過百年歷史的新發展。

近代自然科學是十六或十七世紀隨著所謂科學革命的興起而建立的。雖然同樣稱為近代科學，但最先發展的是物理學、天文學等領域，生物學則起步較晚。在此沒有時間詳細說明原因何在。不過醫學在成為近代科學的一門之前，必須要有生物學研究做為基礎。因為生物學的發展進步較慢，意味著科學化的醫學發展也必然較落後。

然而到了十九世紀後半，生物學和醫學總算成為近代科學的一支。眾所皆知，近代科學本身即具有強烈的機械理論性質。屬於同類別的現代生物科學，其根柢也就明顯地具有機械理論的思考模式。

因此，我認為生物學家和機械論學者並沒有什麼差別。其實機械論一詞包含許多涵意，往往容易使人混淆且引起誤解。因此首先我想大略說明我所理解的機械論者的定義：它是指用「機械模型」來思考人體及生物的人。我本身就是機械論者。

關於機械的定義也許還有許多不同的爭議，但本質上它終究是當初人們為了某種特定的用途而製造，並使其運轉以便於利用。機械是人類組合的東西，所以對它的材質十分熟悉。即使手裡拿的是藍圖，人們也能夠了解它每一部位的構造，一旦明白功用之後就能馬上操作。

然而，雖然可用機械論觀點來解釋生物學，可從來沒聽過人類會製造生物。像蛋白質分子到今日仍無法製造。即使有人說破了嘴，我們也無法相信人類真能對人體構造及機能的每一部位皆瞭如指掌。因此斷言「人是機械」這句話本身就極不正確，我也無意贊同「人是機械」、「只不過是機器」等等說法。

不過下述的說法誰也不能反對：用「機械模型」來理解人體將使我們更能瞭解生命的奧祕。例如人們常用照相機形容眼睛的構造與功能。大家也都知道近代醫學開創者維廉姆・哈維常用唧筒比喻心臟。可以說現代醫療裡有相當多的進展是得力於機械論的思考模式，這點相信沒有人會有異議。同時若沒有人體機械論的輔助，便不可能發展出合於人體適用的眼鏡、假牙及近年來的心臟起搏器等機械。

・機械理論看人類

機械論是在二十世紀以後才完成的，它可分為兩個比較顯著的時期，分別是二十世紀的三十年代及五十年代。

在此，各位可能有個疑問：為什麼要談到機械論的發展時期呢？這主要是當我們提到要用機械模型來思考人體時，會牽扯到生物學的兩大疑點：

第一、人類一直弄不懂生物「作用」的動力從何產生，而機械只要從外面補充動力，就可產生作用，例如燃燒煤炭就可運轉蒸氣機，電氣機械補充電流即能繼續運作。但是人類的活動力到底如何產生？這是以前的人一直無法瞭解的問題。與其說不瞭解，不如說是因為人們相信人的動力是來自體內所謂形上學常討論的生命力或靈魂、精神之類。

到了今日，我們可以用能源這個詞語代替生命力。當我將手上下擺動時是需要能源的；雖然人本身無法意識到，但是當心臟像抽水機一樣把血液運送到全身的過程也是需要能源的；人體為維持體溫，需要熱能；雖然你們的眼睛看不到我的細胞正在增殖，但我的細胞一直靠著強大的能源不斷增加（無知的人也許會奚落老年人的細胞不可能再增加，但實際上，因為血液的細胞大約每三個月就會耗損一半，所以不論年紀多大的老年人，他的骨髓仍然可以製造幾億、甚至幾十億的細胞）。又例如：當人們說話時，也是需要運用腦神經細胞，好比操作機械裝置須消耗大量能源；而腎臟排尿，在反滲透壓時也需消耗大量的能源。像這樣人體為了生存活動，以各種不同的形式消耗著能源。到了本世紀，人類已經清楚能源究竟是如何產生。

說到能源從何而來，我們會先想到太陽光的能源，透過葉綠素的吸收，轉換為化學能源，儲藏於植物的碳水化合物內。人類藉由每日攝取米飯、青菜及肉類的營養，構成活動的能源，這些能源就是由植物以化學形式把太陽光轉化為生物的成份。一九三〇年代末期，人們已知人體及一切行為的原動力就是來自於上述的化學能源。

古時候的人稱之為生命力的東西，大概皆能以「能源」這個稱呼來代替。而人們特有的「思想」若無能源之助也無法展開。從科學上解釋，所有生物的能源皆來自於太陽，在今日這可說是無法動搖的原理。

生物界另外的一個疑點是指無論什麼過程，何以會「青蛙的後代（一直）都是青蛙」？

為什麼一定是「種瓜得瓜・種豆得豆」？其實種別的保存乃是上一代為延續下一代的秘密法門。為我們揭開這個謎底的是本世紀後期新發展出來的分子生物學（正確的稱呼是分子遺傳學）。各位最常聽見的DNA（脫氧核糖核酸），就是像線一樣的長條形分子，在上面以暗碼形式「刻下」瓜生瓜、豆生豆的指令（人生人、猿生猿的過程亦相同），使遺傳因子能代代延續。這個過程在現今看來，就像生物學、化學的其他原理一樣，用「物質性」的方式說明，就能使人充分了解。也就是不用「生命力」這種神秘的觀念，而以科學實證揭開謎底。

我們可以從上述的解釋，理解生物從受精卵到成體逐漸成熟的「產生」過程。當然生物產生的過程還有很多謎團，但沒有人會懷疑這是屬於科學研究的範圍。進化這項大問題也是一樣。總之，科學研究將會繼續解開更多的謎題。

以「機械模型」思考生物體的近代生物機械論，在本世紀中葉左右，摒除最大的障礙之後，已成為強勢的理論。這件科學史上的事實正影響了今天我們談論的倫理性話題。

・機械模型無法認清「人類」

上述我以機械論說明人體的作用似乎並無任何矛盾之處，但其中仍有一個無法解決的問題。人有別於禽獸，這是無庸置疑的，說得更清楚些，當猿人經過原始人階段再進化到人的過程中，誕生了新的「人類的心」。

回顧人類進化的演變過程，早期的直立、製造簡單的工具，這是連猿猴也會的事。當演變成真正的人，開始有語言的階段，是距今大約七、八萬年或十萬年以前有名的尼安德特人（舊石器中期的人類）的時期。當分節語言產生之後，文化、社會也跟著形成，人類的歷史正式誕生。

有了語言，人類開始慢慢擁有觀照自我的意識以及自由意志這種獨特的能力。而且人類還發覺了一件人生大事，即任何人都無法逃避死亡的命運。忘記是否為哥倫比亞大學，總之是由美國某大學完成了一份極具啟發意義的發掘調查報告，指出一項事實：在尼安德特人的遺跡之中，發現人類最早供奉花給死者且還隆重厚葬的事實，這是動物做不出來的行為。像這樣將同伴隆重厚葬，說明那時候的人類必然已察覺到自己也逃不掉死亡的命運。換句話說，這是早期人類自覺到自己和他人是共同存在體的證據。

當人類有了語言、構成社會組織、發展文化、「創造」了歷史，這些人類才有的發展無論如何都無法以機械論說明。這些都是「人類學」無法解開的謎題。當然其中的研究方法存在著相當大的差距。人是萬物之靈，唯有人才有抽象、力大無比的心。然而，誰都清楚在某些思考層面上，電腦的確更能輕鬆迅速地完成任務。電腦和人腦的構造組織當然完全不同，但人類心思的功能漸漸由電腦代替的例子，相信一定會越來越多。人類也必將考慮到會有什麼問題產生吧。這個最具「人性」的問題，和其他生物大不相同，是人類所特有的。

接下來回到諾特那格爾的醫學論。如前所述，醫學藉著機械模型思考人體的輔助，使得十九世紀後半的醫療技術突飛猛進。醫療的進步使得「疾病」在某一程度上已可以完全治癒，但是患「病」的「人」其應受重視的人格卻和進步的醫療離得愈來愈遠。

別具慧眼的諾特那格爾看到醫學變成「生物」學之後，「人格」地位有愈趨滑落的傾向，而感慨地說出「醫生的職責不單是治病，更應治好病人。」這位優秀的臨床家之所以發出這樣的警語，便是因為十九世紀末為德國近代醫學的高度發展期，那時的醫學已潛藏著危險的隱憂。人格地位的低落情形隨著時代的進步，已愈加嚴重。

當醫學和近代科學聯手發展，到了二十世紀笛卡兒提倡的生物機械理論基礎完成之際，正值十九世紀末期以來X光線的發明等各種科技快速進步的時期，使得醫學更是進展神速。因近、現代醫學不斷展現驚人的進步成果，才有今日優異的醫療水準。相信無論怎樣責難醫學問題的人，都不會對現代醫學的重大成果視而不見。但令人感嘆的是，隨著醫學愈來愈進步，人類在醫學之中反而愈來愈渺小，這就是今日醫學的現況。

常常聽到很多人大聲疾呼「近代醫學只是把人看做機器，或以零件的組合品對待，根本忘記如何醫治人，醫學應恢復為全人性的醫學」，聽久了不禁令人感到煩躁。但是我們必須正視這句義正辭嚴的話所披露的事實。我已說過醫學發生問題的歷史背景，至於應如何恢復全人性的醫學，在此不作深入探討。畢竟這是一件極為複雜且難以解決的問題。

四、生命倫理學與醫療

・生命倫理學成立的背景

為了更能理解機械理論，我們必須談談與腦死及人工授精等問題有關的生命倫理學。生命倫理學是外國新發展的一門學問，英文為 bioethics，譯為「生命倫理」，今天這些詞彙在日本已經常可以聽到。但一般人的理解似乎有點混淆不清。

從美國開始流行的 bioethics 這個字彙究竟何時出現？這個問題連美國的醫學專家也不太清楚，只知道這個字彙最早出現於波坦在一九七〇年發表的論文以及稍後以相同主題為書名的著作上。這本書已有今崛和友先生的日譯本。已故的武見太郎先生也非常尊崇波坦的想法。其實波坦在論文中指的是「生存科學」的意義，但現今生命倫理學家只使用在醫學和醫療問題上，已非當時波坦所主張的意思。

今日生命倫理學的概念主要是因下列幾個背景產生。其中一個背景是有名的紐倫堡大審判，當時聯合國就人體實驗的問題審判納粹戰犯。審判的當時，根本沒有任何可依據的成文法律，所以有人說這項審判的程序不合法。我雖然不懂法律，但也知道聞名的紐倫堡規約就是因當時審判的特例而制訂的。紐倫堡規約可以說是歷史上第一個以文書形式針對人體實驗做出規範的規約。這項規約後來併為赫爾辛基宣言的一部份，為現今世界醫師會共同遵守。這項規約明文規定以人體做為醫學實驗研究的範圍。

當時討論這類問題時，很多人開始批評醫生所做所為絕大部分其實都和人體實驗密切關連。姑且不論納粹在戰時所做的非人道殘酷的人體實驗，很多人抱持下列的疑問：醫師在臨床觀察的研究上，嚴格地說不也是人體實驗嗎？又加上當時美國發生的一連串令人遺憾的事件，使得一般市民一下子變得極不信任醫師。

緊接著一九七〇年代初期，位於美國西海岸的西雅圖就針對當時只有幾臺洗腎臟機如何分配給多位緊急病患的問題，首次公開討論。稍早的六〇年代末期在南非也第一次討論心臟移植的問題。

此外，美國在越戰時期，因市民人權意識高漲，所以強烈反對越戰，並且針對種族歧視、女性歧視等問題發起市民運動。再加上公害、環境污染的問題及大學的紛爭，結果發展成為一種強烈的市民運動，高漲著主張保護慘遭蹂躪的人權以及努力追求人類生存目標的意識。

在此之際，還發生一件重大事情，即一九七〇年代初期發現DNA制限酵素，使遺傳因子的研究更為完備。於是遺傳因子工程學這項新的技術誕生了，更增加操縱生命的可能性。這項成果當然使市民認為是對包括人類在內的所有生命體的嚴重威脅。這些因素使得美國市民高度關心現代生物學及醫學可能隱含的危險性。

然而，生物學家及醫學家一直無法全面性地阻止新問題的產生。可以說所有和醫學有關的問題，都是現代社會因新科學而產生的新型態且難以解決的問題。其實這並不是單由醫學家就能解決的，應該由醫學家、生物學家、社會科學家、社會人類學家、法律學者、宗教家、哲學家、倫理學家、文學家及心理學家等各類學者同心協力，以嚴謹踏實的學問態度才能解決問題。

在美國早已有此覺悟，所以各個學問領域的學者都能通力合作，認真思考及解決問題。當然也是市民一分子的學者並不會「對抗」市民運動。他們不會認為市民運動是胡亂瞎搞的活動，也不認為市民的主張全是錯的（其實多多少少會有些錯誤的觀念），所以他們並不採取抵抗阻止的態度。美國學者一向不會採取高壓權威式的姿態對待市民運動，而是認真思考阻止問題擴大的方法。

經過很多學者一起思考有關醫學倫理問題，逐漸發展成為「生命倫理學」(bioethics)，之後受到人們的重視。其實bioethics原本是美國的一個「時事用語」，它探討的內容包括各種不同的問題型態，可說並非一門單一的學問。生命倫理學探討的問題雖包羅萬象，但大致可區分為三類：

㈠與死亡相關的問題

第一是探討「死亡的問題」。以前醫生根據三個徵狀來判定人是否死亡，即心臟停止跳動、已無呼吸及眼睛已無反射等，因徵狀幾乎同時發生，所以在醫學上毋須討論這方面的問題。當醫生宣布「病人已死亡」後，就交由和尚作法事或牧師作禱告。醫學上頂多只討論「死」幾小時後才能進行解剖，以及「死」多久才能進行火葬等問題。除此之外，並沒有任何特別針對「死亡的問題」進行討論。

但如前述，以機械論的哲學思考及以其基礎發展的醫學技術，使得目前已能就三個死亡的徵狀進行討論。眾所皆知腦死是否就能判定為死亡，曾是廣泛議論的話題。從人工呼吸裝置的發明開始，各種機械性及生物學上的技術，使世人在「人的死亡」這個觀念上有了大幅度的改變，這是無法否定的事實。對醫學家及一般人而言，從以前已習慣性、常識性地認為當死亡的三徵狀差不多同時發生時，即可判定死亡的觀念，將隨著時代的改變做大幅度的修正。

另一方面，我們也不能忽略雖與技術無關但早就存在的醫學倫理學所指出的問題。例如在近代醫學的進步下，撇開病毒引起的疾病不談，當病患因急性傳染病或因癌及腦血管神經障礙而瀕死之前，我們是否應進行安樂死或告知癌症患者真相等等問題。此外，如臨終前的護理這種在現代才有的問題，也迫使人們不得不重新思考。

㈡與生命的誕生相關的問題

和死亡相對的生命誕生，隨著生殖生理學及遺傳學的進步，也引起重大的倫理性問題。例如「人工授精」及「體外授精」這類問題。

人工授精分為ＡＩＨ和ＡＩＤ。ＡＩＨ是指接受丈夫精子的人工授精，其英文為artificial insemination from the husband；若無法使用丈夫的精子，只能用提供者的精子即from a donor，便是所謂的ＡＩＤ。幾十年前慶應大學已做過ＡＩＨ，無論人們是否贊同，這都是既成的事實。我不清楚ＡＩＤ在日本是否已經進行，但眾所周知美國已有「精子銀行」的成立，現在更發展到體外授精(IVF, in vitro fertilization)，即俗稱的「試管嬰兒」。

除了上述問題，還有一個聽起來較為不雅的「代理母親」的問題。這是指丈夫的精子無法讓妻子的子宮受孕，即妻子無法懷孕時，借第三者的子宮懷孕生子的方法。這和ＡＩＨ及ＡＩＤ大大的不同。代理母親可以藉由ＩＶＦ方式完成。

當體外授精和代理母親的方式併用時，例如使一個不孕的女人的卵細胞授精後，植入她的母親的子宮內受孕，當然這位母親必須仍有妊娠能力。當這位母親順利生下小孩，對小孩而言，生下他的女人究竟是母親還是祖母呢？這可能演變成極為複雜的嚴重事態。可說是人倫關係的矛盾與混亂。

上述例子雖是我的假設，但事實上現在美國已有代理母親的出現（校正時附記——這位美國代理母親已順利生產）。當然我們可以預料到其中必涉及金錢的交易。另外以分子遺傳的方法治療遺傳病、診斷胎兒是否正常以便選定或拿掉，在遺傳學快速進展的過程中正引發許多難題。這些也都是和前述與生命的誕生有關的新醫學、新倫理的問題。

㈢與性相關的問題

前面提到在現代科學以技術處理「生與死」的過程中，容易引發各種各樣的問題。接下來要談的是「性」的問題。無庸置疑性在人類生存的過程中扮演著重大的角色，無論從生物學、進化論或社會學的角度，它都是廣受注目的問題。雖說如此，但人們卻在玩弄性的意義，今天竟然已發展到代理母親及借腹生子的地步。

雖然我也是從事醫學的一份子，但不得不揭露在醫術進步的美名下存在著醫者、醫學者不好的一面。或許有人會認為這些問題難有定論而毋須再議，但的確存在著這些問題。這些問題無法視之不見。在人類生存的過程中，「性」和「生與死」同樣是極為重要的問題，討論這些問題的生命倫理學的確是一門重要的學問。

就生命倫理學而言，美國人和日本人的觀點便有很多的不同，這不全是醫學上的問題，還牽涉到文化（例如權利的觀念）的差異、歷史發展及風俗習慣的不同。如果不就人的所有層面去思考，對生命倫理學便不會有正確的見解。

五、現今的醫學與醫療應追求的目標

・問題所在

基於近代自然科學的本質而採取機械論哲學觀點的近代醫學，雖然獲致重大的進步，但另一方面也導致「人」的疏離。到了本世紀後半，因醫術驚人的進展，更引發難以計數且不易解決的各種新問題。這是醫學家始料未及的，也因此普遍感到困惑而不知如何是好，這就是目前醫學界的現況。

近代科學像是一把雙刃的刀。事實上，何謂腦死的定義、人工授精的對錯以及安樂死的問題等，若不全面地考量，只就個別範圍進行探討的話是無法圓滿解決的，當然處理起來便會極為困難。結果任誰都無法把握怎樣才算真正解決了問題，也很難憑個人的意志處理，所以只好任由問題堆積如山。像有名的「克倫族事件」，那些有心要妥善處理臨床實務的醫師們就常處於進退兩難的困境。像我一樣雖無臨床實務經驗，但也是醫學界一份子的人來說，也感受到彼此背負著極沉重的負擔。

接下來想追本溯源談論和醫「學」本質相關的問題。例如花錢請代理母親生小孩，我是男性無法深入瞭解患不孕症女性的煩惱，但總以為不道德地花錢雇代理母親生小孩這件事（也許我的話太過偏激），對於這種針對不孕症所做的「醫學性」治療我抱持強烈的質疑。其實男性方面若患有查明原因的不孕症，也少有人對其進行治療。我不禁懷疑所謂疾病、醫學及治療的定義何在，以及人們究竟瞭解到什麼程度。

老實說我不贊成使用「不自然」的手段解決問題。但又想到剖腹生產不正是相當不自然的方式嗎？一想到此，所謂「試管嬰兒」、心臟移植這類醫術，也是醫學上不自然的處理方式下一種不得已的手段吧。由此我們明白醫學本來就是在做著很不自然的事，所以醫療是什麼，當然很令人頭疼、難解。

我之前曾提到醫療是否為無條件的善的行為這一點，是今日人們必須重新質疑與徹底檢討的。過去人們以為的「醫學」其基本的種類與範疇，到了現在已有必要重新界定，這就是醫學上有必要探求的主題。此外，善的定義究竟是什麼？以及對人類而言，如何才稱得上正當合理的行為？這些和醫學、醫療相關的問題也必須嚴謹地加以探求清楚。

遺憾的是，何謂「善」這個問題在倫理學家之間亦爭論不休，沒有定論。而且目前產生的問題裡，有很多是以前倫理學家從未面對過的新問題。我認為為了解決這些問題，應該建立一些我們可以依循的原則才行。

・從自然科學看「生命」的概念

我認為我們可以依循的原則就是平常所說的生命的尊嚴之類的觀念。基於這類觀念，我們就可以進行各種討論。以下是我個人的見解，也許還不夠透徹，無法提供各位正式的結論，但仍請大家仔細思考這類問題。

以科學的角度來看，生命的尊嚴這個觀念似乎是強行闖入、難以成立的觀念。以自然科學的立場來說，首先冒犯生命尊嚴的就是「自然」本身。因為我們人類所有生存活動的能源，雖說是源自於太陽，但我們必須藉由攝取其他的食物才能得到，而食物則主要從生物的攝取而來。不幸的是地球上幾乎所有的生物都必須靠攝取其他生物才能獲得生存的能源。

於是，生命的尊嚴在自然科學的知識裡產生大幅度的動搖。曾在悶熱的非洲熱帶地區服務奉獻的史懷哲醫生，具有即使關閉窗戶仍不打蚊子的慈悲精神，他是個慈悲為懷的素食者，可貴到連小蚊子都不願意打死。不過以冷靜的學術態度分析，我們知道史懷哲在非洲所作的最大貢獻是使用當時的日耳曼甯（拜耳二〇五號，治非洲錐蟲病）治癒失眠。首先要說明以下並非故意批評這位偉人。失眠的病原體是Protozoa（屬於原生動物），以科學角度來看，牠和蚊子同樣是生物，那麼，治癒失眠不正違反了他高貴仁慈的精神嗎？以上的批評只是為了方便提出下面的說明。

其實「生命」這個常識性的概念在自然科學裡，可說是相當曖昧的。

自古日本即有「生者必滅」這句話，先不管它在宗教及文學的領域裡有什麼深刻的意涵，但從科學立場來看，就有細菌死不了的情形。例如單細胞微生物，原理上雖可用殺菌劑及光線「殺死」牠們，但只要沒有這些障礙，牠們就能繼續不斷生存下去。現實裡，的確存在著這種永不會死的生物。在我們的腸子裡，就有幾十億、甚至幾百億的生物「活」著。所以，人們常識性的生命概念其實已產生動搖。

很多人以為透過上一代親生是所有生物綿延的基本型態。但以細菌而言，一個細菌變成兩個細菌，就不是親繁衍子，而是本體分成二個的型態，細菌並沒有親子關係。在生物學的領域其實不能任意使用「生命」這個詞彙，它容易讓人認知錯誤。因此有時我會特意強調「生物學應禁止使用生命這個字眼」。

‧生命的尊嚴

上述論點是因為我一直認為「生命」這個字眼應該只能用於人類身上。當然我的意思並不是說人類可以殘酷地對待其他生物，這是絕對不行的。我認為唯有重新體認生命的意義，才能重視人類本身。雖說只是我個人的見解，但總認為只有人類能有「生命」的概念才是合理。如基督教的信仰就較偏向只有人才有生命這樣的論點。雖然我對於佛教並不熟悉，不過我認為唯有人才有生命的論點應該和佛教人士常說的「眾生萬物」有所不同。在此我無意比較哪一個宗教的理論較好，我向來尊重各宗教不同的思考方式。此外我仍必須說明，前述的看法的確受到猶太、基督教傳統思想的強烈影響，雖說如此，但事實上仍只是我在科學領域上個人的看法。

與此話題有關的就是有不少人會對人的生命是否絕對重要有所疑惑。例如有「殉教者」

這個以前就存在的詞彙。殉教者是指有宗教信仰的人，在某種場合深信為宗教犧牲遠比自己的生命重要，而能從容就死。

就舉一個鄰國發生的例子，當金芝河先生因反對其政府的政策而採取斷食的行為時，一定是把生死置之度外。我不曉得他的背後是否有宗教信仰支撐著，但當人類的信念與政治搏鬥時，往往需要宗教的支持。要不然就是金芝河先生雖然充分瞭解生命尊嚴的可貴，但當他領悟到有比生命更可貴的真理存在時，就會不顧生命去追求。這種無任何私心的犧牲精神是相當了不起的。

從上述的例子，我們可以了解生命的尊嚴在許多情況下也會有條件的限制。其實我以生命的尊嚴為原則來思考醫學的問題，仍顯現出個人學識的不足與淺薄，難以導出任何決定性的結論。畢竟這是重大且複雜的課題，並非隨便可以解決。在這裡我們也明白要徹底解決問題並不能只靠常識和科學，而在某種意義下，也有連哲學都無法處理的事實。

六、結語

・科學與宗教

很多問題討論到最後，總不免要涉及到和人的信念關係最密切的宗教話題。而醫療所處理的是人的生死這類重大問題，當然也和宗教有著密切的關係。但在現實生活中，醫生與患者在醫療行為上很難有相同的理念，或共同的生命觀、生死觀。不過，像「耶和華的證人」這個例子，醫生和患者即使信仰不同的宗教，也必須進行日常的醫療行為。

如此一來，就會產生類似下列的問題：醫療始終都能從日常性的問題思考嗎？要如何結合醫療與宗教的問題加以討論呢？這就是我在演講一開始就產生困惑的最大理由之一。在此衷心希望各位能多提供意見，也希望各位能和我一起思考這類問題。

我在閱讀美國稱之為 bioethics 的所謂生命倫理學的書籍時，發現現今在處理醫學個案時，常會牽扯到複雜難解的生、死、家庭、經濟、法律及宗教的關係，所以在處理上會處於進退兩難的困境。

面對這樣的問題，雖然我仍從事和醫學有關的工作，但就像坐在外野看臺的觀眾，即使無法導出結論，不過總可以儘量抽出時間思考這類問題。而對於直接從事臨床實務的人來說，他們就像日本相撲的裁判，雖然處於不知如何判斷哪一方贏的情況下，也有義務裁定誰勝誰負。從事臨床實務者在和人詳加討論善的定義之前，在實務上仍應該憑自己的良心，做出無愧於自己的決定。

事實上，我常常反省，對於像我這樣，以前從未有過臨床實務的經驗，以後更不可能參與的人來說，是否有資格從醫療的角度發言？總之，當我感受到不得不做的義務感時，總會有左右為難的心情。

・生病的哲學

治療疾病不是單靠醫師就能解決的問題。前面曾提到「醫者仁心仁術」這句話，可以看出人們太過強調醫生的重要。其實醫療不應全由醫者負責。今天人們理應修正這個以前不正確的觀念。另一方面，我們也知道一般人很少注意疾病的問題，即使在最近幾年，對疾病的關心程度始終不高。

不過一般人卻很在乎自己是否患了癌症、糖尿病或高血壓，也關心小孩的氣喘或太太的老毛病是否好一些等等，很多人會正面思考這些與切身有關的問題。但很少思考疾病所帶來的意義。這也是一項不爭的事實，即哲學家和宗教家往往只重視討論死亡的意義，而不關心死亡之前必定來訪的疾病，遺憾的是沒有完備的「生病哲學」出現。

一般說來，人都是患病才會死亡，並沒有自然而死的死亡方式。即使是因交通事故死亡的人，也是因外傷才導致死亡。而自殺依病理學也可分析為中毒死亡或外傷死亡。總之，人死之前必定經過疾病的階段。可惜事實上有關疾病的哲學卻相當貧乏。不過針對過去提出指責並無意義，無論幸與不幸，在今天醫學如此進步的時代，我們都應該為醫生或患者等所有人共通的醫療問題加以深思和求得解決。

和器官移植密切相關的腦死問題、不孕症、臨終護理 (terminal care) 及遺傳診斷等都是難以解決的問題。特別是我們本身或身邊的人有這些問題時，更是無時無刻不感到它的嚴重性。站在個人的立場思考這些問題，有時會有不錯的結論，但更需要集合眾人的力量從事學術的探討。以上所述是我個人的淺見，也許過於雜亂且無條理，讓各位無法全部瞭解；而且沒有做出明確的結論，這點還請各位賜教及諒解。如果各位能因這篇講演獲得思考問題的頭緒，則深感慶幸與安慰。

感謝各位的專心聽講。

（千葉大學名譽教授）

（附記）

關於生命倫理學的內容，還有很多值得討論的問題。例如：臨床上經常聽到的話題，即 informed consent（經充分說明後所作的同意）、患者的自我決定權、「代理同意」，以及「倫理委員會」等。有關這些在現實裡也具有重大意義的問題，因演講的時間有限，無法一一提出；還有一個原因是我也考慮到有其他比我更適合談論這些問題的學者。

當晚的演講，曾提到生命倫理學的發源地即美國的發展情形，也談到最近的情況。美國在七〇年代開始討論生命倫理學，是起因當時的腎臟透析設備極度缺乏，為了公平分配而牽涉到社會正義的問題，一直發展到今天，已受到美國大眾的注目，成為公眾討論的一門學問。但在日本則相反，日本的生命倫理學始終只是一些學者個人注目的焦點，並未發展成為大眾注意的學問。例如：日本在因尖端醫療所產生的巨額費用問題的議論裡，很多論者有意無意地避開經濟問題，使得議論內容變得毫無意義，也沒有人談論更有意義的倫理問題。我們實有必要深入接觸和學習美國生命倫理學的觀點。

不過我們也留意到：雖然生命倫理學所探討的患者的自我決定權、腦死判定及包含經濟層面的公共政策等問題，具有現代科學發展上所謂 cosmopolitan（全球性）的性質，但同時也應注意到各個不同的文化背景，否則會導出不確實的結論。而臨終護理（terminal care）等其他廣義的生命倫理問題也是一樣。

對於自七〇年代即一直不斷努力研究而且獲致相當成果的美國生命倫理學研究者，我們表達無比的敬意。在我們決定學習這門學問的同時，並不是全盤接受，而是應將它消化為自己的血肉，並變成自己的學問。

關於其他細節，容以後有機會再作說明。

禪心、醫心

松原泰道

一、老僧的覺悟

進入主題之前，我想請各位聽我說一件事。

幾年前，我曾到長野縣飯田市，參加一場演講。該市的松尾地區有我們臨濟宗的寺院龍門寺。原本隱居該寺的大崎丘山前任住持是我的老前輩。參加演講的那年，聽到他生病了，所以就到龍門寺探訪老前輩。接任住持的年輕夫婦和看護人員再三叮嚀我「老和尚患的是癌症，但我們騙他說是胃潰瘍。無論如何請不要說出這個秘密。」

後來和老前輩見面，發覺他很有精神，對我說「歡迎歡迎！你來得正好，我正想和你見面呢。我有些私事想請教你。其他的人能否暫時避開。」大家都避開之後，他對我說「能否到我身旁來，有些秘密的事想同你商量。」

那時我心中還存有貪念，以為老前輩支開旁人是為了給我特別的紀念物。靠到他的身邊後，沒想到他竟問我「松原，他們應該告訴你我患的是什麼病吧？」我只得回答說：「他們跟我說您的病只是胃潰瘍。」沒想到他直截了當地說：「其實你不用隱瞞，我早就清楚我得的是癌症。」我急忙說：「不，您想錯了，只是胃潰瘍罷了。」老前輩接著說：「別騙我，我自己分辨得出是癌症或胃潰瘍。我身邊的人為鼓勵我繼續活下去，才安慰我，騙我說是胃潰瘍。就因為他們對我的這份心意，我反而不好意思告訴他們我早已知道我患胃癌的事。請你幫我保守這個秘密。」我聽完後，感到很驚訝與敬佩。

常有看護人員禁止我洩露病情，但這是第一次有病人叫我不准洩露病情的。當時老和尚毫無做作的靜心肅穆的神情，常留在我的心中。

幾年後，我再度造訪飯田市時，才曉得丘山和尚早已亡故。雖已無相見的機會，仍抱著遺憾的心情再度親訪龍門寺。那時我說出和老和尚之間的秘密，「老和尚老早就清楚他患的是癌症。」他們都表示懷疑：「怎麼可能？老和尚臨終前還說『原來胃潰瘍是這麼痛苦』，同時也對醫生和護士說『謝謝你們費心的照顧』之後才過世的。」

我詳細告訴他們：「那是因為你們一直細心地照顧老和尚，使他能一一感謝後安心地離開。上次我探訪老和尚時，他曾要求你們暫時避開，就是那時候他告訴我已知道得的是癌症。他吩咐我不要說出來，因為他很感謝你們對他的好意。」大家開始哭了起來。一想起老和尚靜心肅穆的神情，我知道我從這位患者身上學到某種可貴的教育意義。

佛教整體上，是教導人們如何思考疾病和死亡這類的問題，因為人類畢竟要承擔老、病、死，而且也無法逃避這些折磨。就佛教的立場來說，人能認清自己無法長生不老以及人終會變老、會生病、會死亡的事實是非常重要的。

何謂認清、了解？人們常說的「忍不能忍，是謂真忍」中的忍和佛教思想上「忍」的意義大不相同。在《般若經》裡出現的「忍」字，其實是「認」字的簡寫，從這裡可以明白「忍（認）」在佛教上是認清的意思。當生病時，必須認清、了解生病的意義。不帶任何勉強的認清、了解，能使人培養忍耐的能力，並且能使人創造新的生活方式，明白活在人世的意義。這就是「忍（認）」的正確解釋。

二、患者的心理準備

我常向人建議，包括病人及年紀大的人，當我們能幫助別人時，就應該盡力幫助；而當我們成為別人幫忙的對象時，就應該真誠感謝別人的好意幫忙。千萬別說出「我早就知道怎麼做，我自己來」之類口氣厭煩的話。我常在患者的讀書會上，這麼建議他們，也不斷提醒自己應注意這一點。

大家所熟悉的村山莉（音譯）女士，是以研究《源氏物語》（譯註：日本平安時代描寫宮廷生活的長篇小說）而聞名的學者，人們常冠以「村山源氏」的美稱。她雖只比我年長三、四歲，卻是位學識淵博、相當了不起的女性。每個月一次在主婦之友文化中心和村山女士的會面，常讓我獲益良多。村山女士不以「松原先生」稱呼我，而是稱呼我為「殿方」，這常讓我覺得不好意思。可知村山女士是非常風雅、親切的人。前些日子，她跟我說：「變成別人幫忙的對象時，可要慎重應對。」

原來村山女士的助聽器常常會不小心有水跑進去，需要時時加以清理。有一次助理說：「老師，我來幫您清理。」而村山女士馬上說：「不用麻煩，我自己可以清理。」當她清理完畢後，卻看到助理非常落寞的表情。村山女士後來自我反省，認為自己「傷到人家的好意了。」其實誠摯地接受別人善意的幫忙，是件重要的事。年紀大的人更需要注意這一點。

良寬（譯註：日本十八、九世紀的和歌歌人）有一句名言「病來時，安於其中」，真是極有意思的話。現代，當我們患病時，就全交給醫生及護士處理，雖說這是理所當然的事，但歸根究柢，大多是病患自己不小心才得病的，病患本身應培養對生病負責任的生活方式。老人問題也相同，老人本身即應負起上了年紀的責任問題，不應該把責任歸於社會或政府。

老與病是人類躲也躲不掉的生命關卡，旁人無法代替你變老或生病，這是只有自己才能背負的人生重擔。當人們領悟到必須自己背負時，就會產生疑惑：如何減輕這份重擔所帶來的痛苦？其實方法就是以謙虛的態度向老人及患者學習。他們的生活方式就是將來我們衰老及生病時的生活方式的參考。

有關福利問題也一樣。目前各地的學校及大眾活動中心正聯合展開「推動培育體貼關懷心的福利教育的同時，也要培育身心健全的青少年」的運動。而所謂福利國家的定義是：「國家實施社會保護政策，目的在增進全體國民的福祉及提高物質生活水準的經濟體制之稱。」

依上述定義的福利政策，在日本可說貫徹得非常成功，而以世界數一數二的福利國家引以自傲。然而在「目的在增進全體國民的福祉」這一點上，始終存在著爭議。

「福利」的英語是welfare，含有「幸福」的意思。翻譯成「福利」雖同時有「幸福」之意，但也有「幸虧」的意思。福利在基督教的用語裡，德文稱為heil，具有「解救生命危急」的消極意義，以及「創造生命繁榮」的積極意義。

日本實施的各種福利措施，幾乎可說都只注意到如何保護及解救生命以避免危險的發生或擴大這個層面上。而缺乏宗教用語裡積極意義之「創造生命的繁榮」。所謂生命的繁榮，簡單的說就是「生存的意義」。雖然日本在消極意義的「增進全體國民的福祉」上實施得相當成功，但是從積極的角度來看，十分缺乏鼓勵老人及病人生存意義的措施。

福利的基本建立在心靈的溝通。只有人與人之間的心靈溝通才有益於創造彼此的生命繁榮。而在溝通上，不只是單純地接受，更應該積極地給與。要想給與他人衰老及生病的崇高價值，就應該不斷地充實自我的體驗。這就是我為什麼希望人們「當自己衰老、生病時，不要當無責任感的老人或病患；應該學習做個有益於他人的老人或病患」的理由。

我生來本就體弱，大戰結束退伍時，又因營養失調而罹患肺結核。那時正當幣值變動，原本投保的生命保險契約變更，因新的身體檢查沒通過而喪失保險資格。但是我並不沮喪，認為只要好好療養身體恢復健康的話，一定可以為相同疾病的患者帶來希望。我就為了有益於其他患者而積極活到今天。我今年已經八十歲，也正過著健康的老年生活。

三、我的臨終說法

到目前為止，我曾有兩次因他人請求而講述臨終法語的經驗。

其中一人名叫吉田關，雖不是施主，卻是我幼時認識的女士。比我年長兩歲，丈夫死後，因和長媳之間時有摩擦，所以常到寺裡找人傾訴。

某日當我旅行結束，返回寺裡，她又來拜訪。我把我的旅行見聞一一說給她及家人聽。當我特別細述搭乘巴士觀賞奧伊勢山間的經過時，她似乎若有所悟。

這條山間汽車專用道路幅寬僅六公尺，為了避免和來車相撞，得小心駕駛。當難以錯車時，必須有一方把車倒退到某空地上以便來車通行，當兩車可以交錯通行時，彼此會按喇叭以表謝意，然後各依自己的目的地前進。

我們常常可以看到這種場面。當我敘述時，她很專心地聽著，因為她正為人際關係煩惱不已。我把車子退到可以讓其他車子通過的空地稱為「愛的廣場」，我若無其事地說：「在狹隘的山路要是能彼此退讓，會變得無限寬廣；而廣闊的街道要是彼此相爭，就會變得狹隘而易發生事故。」我相信她聽完之後，一定能打開長久的心結。

果然她在離開之前，說：「從現在起，我就是『塵世的倒車司機。』」她的表情爽朗愉悅，是我以前沒見過的。

幾年之後，得知她病危時，我趕忙跑去探望，並依附在她耳邊輕聲說：「阿關，妳長久擔任『塵世的倒車司機』，真是辛苦了。以後妳要走的路說不定會比現在更辛苦百倍。但是，以妳的技術，一定能行車愉快的。祝妳一路順風！」我用雙手合起她的雙掌，緊緊握住，引導她安詳離開人世。

在守靈的那晚，我誠懇告訴她的長男及媳婦：「今後，你們就是自己人生的駕駛員，必須盡力好好帶領家人。」不只對即將死亡的人作臨終說法，也希望能對還活著的人提供可支撐人心的法語。

另外一個臨終說法的對象，是個中年單身漢。我是在某次聚會場所認識他的，由於身上有些老是治不好的宿疾，所以他總對任何事物感到不安。幸好他是虔誠的觀世音信仰者，我也常建議他：「誰都無法掌握未來，所以東想西想也是無益，只要常唸觀世音的名號就行了。」「不管生死，聽由觀世音的安排就對了。」

最後一次，我對他說：「人彼此的相遇就是離別的開始。我無法和你約定臨終說法。能活下來是觀世音菩薩的慈悲，必須離開人世也只是觀世音菩薩的召喚。痛苦時不要想著求生或求死，只要靜心唸觀世音菩薩。」結果，我來不及看他最後的一面。但是，由他親人的話裡，知道他是很安詳地離開人世。以上就是我的臨終說法經驗（正確來說，只有一次）。雖然只有一、兩次經驗，但比較起來，還是平常懇切的說法指導較為重要。現代人在訂定妥善的老年經濟生活計畫之餘，更應該努力做好心理建設。

在校正這份演講稿時，接到一通住在高岡市的好朋友宮島初子女士的電話，說同是好友的藤森與作先生因年紀已大而陷入病危狀態，要我「寫些東西讓他安心走完最後的人生。」因為我曾和這兩位摯友一起於五年前，親自參訪印度的佛教古蹟。聽完電話後，我立刻在方形厚紙上，恭敬地寫上「南無釋迦牟尼佛」，並且寫了如下的一封信，以快遞方式寄到宮島女士府上。

「藤森與作先生：記得五年前，我們曾為拜訪釋迦牟尼佛的遺跡，一起到印度旅行。請你仔細回想當時的情景。也請你不斷念誦『南無釋迦牟尼佛』。這次寫信用的墨汁是以佛教古蹟的聖水研墨而成，是內子昨日從印度佛教古蹟之旅帶回來的。希望我這封信能對你有所幫助。今後你要走的路，其實和佛陀走過的路是一樣的。有佛陀的引導，將不會感到寂寞和害怕。這也是我將會走的路……。」

後來又接到宮島女士感謝的電話，說到：「簡直可以設臨終說法的通信講座了。」其實這只是我為好朋友做的微薄心意。

之前，我曾說過大崎丘山老和尚非常信任醫生的事情。他明知道所有的人都隱瞞真相，但仍十分信任醫生。在我要離開房間的時候，他還微笑、親切地叮嚀我：「記得幫我保守秘密。」他那微笑的表情仍留在我的腦海裡。當時老和尚比喻這是狐與狸互相欺騙的行為，不到最後很難弄清是誰隱瞞了誰，真是很有意思的事。老和尚的這番幽默話，要是沒有真正的修行，我想無法說得這麼輕鬆。

我認為一般人必須在生前加強心理建設，而且必須信任醫生。以前的人平常即不斷加強精神建設，一旦在緊急狀況下，較能從容走完人生。現代人則相當缺乏從容面對問題的精神，很多時候常常驚慌失措。總之，希望病危時，人人能如老僧一樣從容面對，並且信任醫生。

很幸運地，我認識的醫生都是了不起的人。尤其是住在寒舍附近的一位醫生。患者患了較難治的病時，醫生馬上到內室拿出各種參考書，懇切地與患者商量。雖說也有令人無法信賴的醫生，但也有令病患打從心裡喜歡的醫生。我喜歡的一位醫生，診所裡常有很多患者，多到門口都沒有放鞋子的地方，就是因為他是一位敞開心胸、仁慈接納病患的好醫生。

還有一位我認識的好醫生，是住在墨田區的女醫生，具有江戶（舊時東京）兒女大方、豪爽的氣質。附近及窮苦人家都到她的醫院求診。每當颱風來臨的季節，病患的家人會主動到她的醫院，替她做好防颱準備。她是一位極受當地居民信賴與尊敬的女醫生。

當我閱讀美容師遠藤初子女士的散文時，深有同感。她寫到：「無論從事哪一種職業，當然都必須擁有卓越的專門技術。然而，不只限於美容業，任何職業若只靠優秀的技術必定無法確實掌握顧客。能掌握顧客的人，必定是人格可靠、令人信賴的人。只有這種令人信賴、受人歡迎的技術者，才是最具吸引力的成功者。」這段話說明了從事職業工作應有的典型。現代社會裡，具有人望與聲譽是非常重要的。如果被人說「那個人技術是很好，但沒有人望與聲譽」時，就說明了身為人的缺失。

那麼，如何才能得到人望與聲譽呢？有一句話說得好「看別人，回頭想想自己。」看別人的行為，有令我嫌惡的缺點時，就反省自己是否也有相同的缺點，有的話，就馬上改正。看到別人的作為，有自己喜歡、欣賞的地方，或是正當有意義的行為時，就反思自己是否也做得到，能的話，就馬上效倣。總之，在努力向善避惡的過程中，我們要積聚善德，成為別人能夠信賴且具有人望與聲譽的人。

我的鄰居中有位賣香煙的乖僻老人，最近常來拜託我幫他處理身後事。以前這位老人無論到哪一家醫院求診，都會發脾氣指責醫生「像你這麼年輕，有資格來診察我的病嗎？」導致最後沒有一家醫院的醫生敢看這位病人。結果，只能到警察醫院求診。這家醫院真不簡單，竟然有醫生能哄得這位脾氣暴烈的老人服服貼貼的，並且穩住他的病情。想必這家醫院有不少醫技優秀且深具人望的醫生吧。

四、正岡子規與疾病

首先，我們先讀一段正岡子規（譯註：日本近代俳句及短歌的創始者。作品呈現平淡的客觀寫生風格。一八六七—一九〇二年）的著作《病床六尺》：

現在我才明白我一直誤解禪宗所說的悟。悟並不是指任何時候能平心靜氣地接受死亡；而是指不論什麼時候都應能平心靜氣地活著。

他是在三十五歲時寫下這本書，寫完三個月後，於那年九月十九日離開人世。逝世前一天，即九月十八日，留下兩句有名的辭世俳句，分別是：

絲瓜花開際　悠然吐痰黃　應否有佛性

以及

前日絲瓜水　如舊未取用

子規原本誤解禪宗的「悟」，後來才指出：「悟並不是指任何時候能平心靜氣地接受死亡；而是指不論什麼時候都應能平心靜氣地活著。」「平心靜氣」和現代人常講的「平常心」意思相同，指不執著於任何事物，而以沈穩冷靜的態度「徹底」生活，可以說是整個人完全融入某一種情境當中。災難來臨時，就安於觀察災難；生病時，就安於生病的狀態中。不論何種情境都不會張惶失措——這就是平常心。說得再深入些，就是我們必須時時「找出有意義的生活方式」。在災難、疾病來臨時，仍能冷靜地找出生活的意義，這就是平常心。

子規接著在書裡談到：「順便一問：狗是否有佛性？」這問題是源白中國有名的禪書《無門關》的第一則公案。佛教主張一切眾生皆有佛性，皆有成佛的可能。所以畜生如貓、狗等，有人主張牠們具有佛性，當然也有成佛的可能。中國有個典故，說唐末有位禪宗高僧趙州和尚，被某修行僧問到：「狗有沒有佛性？」原本以為應該會回答「有」，沒想到趙州和尚回答說：「無」。這真是一個難解的問題。其實簡單地說來，這個「無」並不是和「有」相對的無的意義，而是指超越有無意境的「無」而言。在書中，子規以一個「苦」字作答。大概是當時正因生病而痛苦不堪的緣故。

我曾提到在戰後退伍的那幾年，因為營養失調導致肺病並引發肺結核。經常就診的醫生也束手無策。另一位友人醫生告訴我：「身為禪僧的你，最好有心理準備，你只能再活七年。」當時我並不感到難過。但是在更換保險契約，醫生宣佈取消我的保險資格時，我竟感到深切的悲哀。戰時我並不害怕死亡；但是到了和平的戰後，我卻非常害怕死亡。因此不論任何時候都能平心靜氣地生活，真是件極為困難的事。事實上，子規一定曾在病中認真考慮過以自殺了結生命，陷入這種「苦」中而難以自拔。

他在書裡又提到：「再問：祖師西來意為何？」這個問題同樣源自《無門關》的第三十七則公案。「祖師」是指達摩；「西來」是指達摩由西方印度到中國來。整句是問：達摩到中國傳禪的目的究竟是什麼？問題的重心是想探尋「禪的真髓精神為何？」子規想解開這個疑惑。

趙州和尚在公案裡回答：「庭前柏樹子。」意謂禪的真髓精神就在「庭院前種的柏樹上」。其實真正意思應該是指我們身邊的每一事每一物皆有禪的存在。

出生於日本關西地區的俳句詩人上島鬼貫（一六六一—一七三八年）曾詠俳句：

前庭為好景　花開白如雪　應否山茶花

所謂禪、所謂真理，就在我們眼前所見的每一事、每一物。譬如有人問：「地心引力在哪裡？」要回答這個問題最簡單方式就是拿個東西，從上面往下丟，「瞧！就在這兒！」不必很複雜地思考地心引力，它就存在於物體由上往下掉的過程。禪、真理的發現也跟這種情形相同。

五、禪心、醫心

道元禪師（譯註：日本佛教曹洞宗的創始人。一二〇〇—一二五三年）的弟子懷奘，把禪師平日的一言一行記載成書，書名為《正法眼藏隨聞記》，就是平常我們簡稱的《隨聞記》。請先看一段內容，再做簡單的說明。

生病時，思病癒後再修業，為無道心者。四大和合之身，誰無病乎。古人亦未必是金骨之身。只乃志之所至，忘他事而行。大事臨身時，忘小事之習，人之常也。佛道為一大事，欲窮一生以思之，未敢空度一日片刻。古人亦云：勿虛度光陰。常治病，病未除，更增苦痛。怎能不趁少痛之際行道。身受難捱之痛而未為重病之前，應行道；雖病重而未死之前，亦應修業。實乃病有治而輕，亦有難癒而重。未治而病稍癒，雖治而病加重之事，常有之。此乃世人通曉之事。（中略）病可治，竟求死不思癒，乃外道之見。不可因佛道而惜生怕死；亦不因佛道而輕生求死。患病之際，以灸治一所、瀉藥一種癒之，非為行道之障。不行道，思病癒後修業，此乃行道之誤。（下略）

生病時，思病癒後再修業，為無道心者——

沒有人可以不生病。生病時，想著等病好後才繼續修行求道的人，是無道心之人，這種人根本沒有真心求道過。

四大和合之身，誰無病乎——

「四大」為古代印度對於人體構造的簡單論點。四大的「大」並非指大小的大，而是指「要素」的意思。四大是指人體的四個要素，就是「地、水、火、風」。這種人體論點在現代人看來，也許相當幼稚膚淺，但畢竟是紀元前五世紀人的想法。所謂「地」是指骨骼、牙齒等硬的人體構造；「水」是指血、唾液等；「火」是指體溫；「風」指的是人的呼吸氣息。人的身體就是由這四種要素集合形成。因為只是一時的因緣際合，誰能永遠不生病呢？

古人亦未必是金骨之身——

不要以為古時候的人擁有金鑄鐵打的不壞之身。

只乃志之所至，忘他事而行——

不只限於佛道。當人有一個重大的志向時，必然可以不在意其他的小事而專心完成重要的事。

大事臨身時，忘小事之習，人之常也——

有重要的事時，必會忘記瑣屑的小事。而專心修行佛道就是一件無比重要的事。

欲窮一生以思之——

在自己有生之年，希望能窮究佛理。

未敢空度一日片刻——

道元禪師經常說：「凡事不能等待來日才做，明日並非今日，今日只有一天而已。」

古人云：勿虛度光陰——

不要浪費光陰，這也是道元禪師經常勸勉的話。

人常治病，病未除，更增苦痛——

想要治好疾病，卻又加重病情。

怎能不趁少痛之際行道——

當病情的苦痛加遽時，反而會想：若能在苦痛加遽前修行該有多好。

身受難捱之痛而未為重病之前，應行道；雖病重而未死之前，亦應修業——

每當我生病時，都會想起道元禪師這句話。但想歸想，卻未徹底實行。像不久前，我患了感冒又正值截稿日期逼近。若換做道元禪師，當他發燒後，一定會趁未達高燒之際完成稿子。對我來說，這是難以做到的事。但如果我們都能抱持珍惜每一分每一秒的心情，必定能過著充實有意義的人生。

病有治而輕，亦有難癒而重——

醫治疾病可使病症稍緩，但也有病情加重的可能。即使無法痊癒，但在病情有改善時，人就容易心安；病情加重時，人也容易感到絕望。

> 未治而病稍癒，雖治而病加重——

沒有刻意治療，病狀竟能自然地減輕；想盡所有辦法治療，無奈病情往往加重，增加痛苦，這種情形也都有。

> 此乃世人通曉之事。（中略）病可治，竟求死不思癒，乃外道之見——

明明知道病能治好，卻一心求死不想治療，這並非正信的佛教徒應有的想法。接著更應該明瞭下一句話：

> 不可因佛道而惜生怕死；亦不因佛道而輕生求死——

不只限於佛教，這句可說是世界所有信仰的共通名言。為正確的信念可以犧牲生命，但也不能隨便輕視生命。

患病之際，以灸治一所、瀉藥一種癒之，非為行道之障——

如果知道可以用針灸或服藥治病，就把病治好，這樣做並不會造成修行求道的障礙。

不行道，思病癒後修業，此乃行道之誤——

道元禪師認為，修行時把治病擺在優先地位而放棄應有的修行，是求道認知上的錯誤。雖然後人對於道元禪師生平仍有異論，但由這一段內容可以看出他是一位謹慎、勤於修行的高僧。

六、尋求有價值的生活方式

人應如何才能過有價值、有意義的生活？在此，我想拆開「生活」兩個字，分別談論「生」與「活」的意義。

「生」是指動物、生物的出生及生長，即為了延續同種的生命而產生。道元禪師稱此為「孃生心」。「孃」在日文裡有女兒及母親兩種意思。而所謂生命就是指由母體所生的生物肉體。

「活」可定義為有價值的生長過程，即一種文化性的生活方式。人的可貴在於能選擇一個有價值的生活方式，這也是做人的本份。為什麼？因為人人都具備提高自我存在價值的可能。也許是在病中，也或許正面臨死亡之前才找到自我存在的意義。以哲學語彙形容，人生就是不斷追尋「意義的意義」。

我舉一個「有價值的生活」的實例。大約在兩年前，有位家庭主婦K子女士，常如影隨形般地參加我的演講，雖然那時不認識她，但也能一眼認出來，而且看得出她患的是絕症。偶爾會在電梯裡相遇，有一次我主動對她說：「妳也來了。」而開始聊起來。她身旁的朋友對我說：「K子以前被診斷患了子宮癌，她本身對中醫有相當的研究，認為不可能，但仍接受手術治療。沒想到是被誤診為癌症，不幸的是又因此失去肚裡的小孩。」

原本應該上法院提告訴，要求審判，但因為K子女士人很善良，讓問題不了了之。不過因為抗癌劑的副作用，引發白血病，而且病狀愈發惡化。懂得中醫的K子女士很清楚自己病情的嚴重性。

「也許再過不久，就會開始掉頭髮、傷害腦的功能，甚至看不見任何東西。我和丈夫彼此非常恩愛，真的不想讓他看到我淒慘、醜陋的模樣。難道真的不能自殺嗎？」

面對這麼突然的問題，我回答：「不可以。」「那麼，我要如何活下去？請在這本簿子上指示我一個生存的目標。」她把筆記本送到我的面前。這真是一件難以解決的問題，根本沒有多餘時間讓我考慮如何回答，就必須馬上在她面前寫下建議。所幸我曾經患結核病而有面臨死亡的痛苦經驗。我立刻在筆記本上寫下「忍」字，並寫下一首俳句：

海邊採貝　海女著蓑衣　如秋雨時節

這是敘述海女穿著蓑衣到海邊採貝殼的情形。蓑衣是古時候的雨具。明明知道到了海裡，全身都會濕透，但仍不忘規矩地穿上蓑衣到海邊採貝。由這裡可以看出日本人的某種精神。

聽說石田三成（譯註：豐臣秀吉的武將。一五六〇－一六〇〇年）被德川家康的人逮捕，押往刑場處死途中，因為口渴要求喝水。但押解的侍衛剛好水喝完了，於是想偷拿農家屋簷下吊著的柿餅給他吃，他婉拒說：「柿子對胃不好。」旁邊的侍衛笑著諷刺他：「再過幾個小時，你就要斬首了，竟然還顧慮到會不會傷胃？」從這個小故事，我們可以明白武士即使知道自己將死，仍然愛惜自己的身體及人格的可貴精神。

看完我寫的「海邊採貝　海女著蓑衣　如秋雨時節」這首俳句，她馬上說：「好殘酷啊！」而放聲大哭。我對她說：「每個人都有他生存的價值，必須等待時間讓價值展現。妳應該嘗試做健康時做不到的事。」我建議她多和一位長年躺在病床上的老人聊聊，並推薦她當一名諮詢義工。

那位當時九十歲的老人是因自殺未遂而長年躺在病床上。原本他對於和自己女兒同齡的K子女士所講的話，沒有興趣。但是，當他知道K子女士的患病經過後，他開始聽從她的話。翌年正月，老人寄給她一封賀年卡，寫著「如果沒有遇見妳，我可能還會自殺。謹以這張賀年卡感謝妳。再也沒有比遇到妳更值得感謝的了！」

據說從那以後，醫院的人都很喜歡和這位老人說話並且照顧他。我對K子女士說：「妳能讓一位原本孤僻絕望的老人恢復活下去的希望，就是因為妳得病的關係。病人不是只為讓人幫助而存在；病人也有幫助他人的潛在力量。」

病人不是只能讓人看護，即使生病，也能幫助他人而活出自我存在的價值。這是所有病患應該知道的。

住在彥根市的井伊文子夫人（一九一七—　）曾語重心長地說：「我的心扉是因病而開。」這是她從長久的病床生活以及宗教上獲得的體驗。

文子夫人出生於舊琉球王族，嫁到井伊家，生了孩子，正過著幸福無憂的生活時，竟罹患肋膜炎。隔年，進行右腎臟切除手術，沒想到傷口變成瘻孔，十年裡不斷有膿液流出。第十年再接受手術後，發現肋膜到處是瘻孔，也引發其他胸腔內臟的疾病。

文子夫人是一位和歌詩人，曾向佐佐木信綱先生（譯註：日本著名的短歌歌人。一八七二—一九六三年）學習短歌。為了撫慰焦躁不安的心，她曾吟短歌一首：

不希望心不健康　早晨打開窗戶　吸進滿滿的空氣

文子夫人也曾參禪於彥根市附近的永源寺，寺裡的關管長先生及山田無文老僧曾以「病中如山野（生病也是一種修行）」勉勵她。之前我曾提過越後地區的良寬禪師有句名言「病來時，安於其中。」生病時，就安於現狀，不僅能使人忍耐病苦，而且能讓人體會生病的意義。這裡流露出可貴的慈悲心願。

文子夫人強調：「由於生病，我才開始瞭解生命的尊嚴。原本對什麼事都抱持無力感的我，經由生病，帶給了我無比重大的生活意義，是一生最值得感謝的事。」基於這份體認，使得她從點譯義工到興建結核病患的醫療設施「休息之家」，都能無怨無悔。（井伊文子著有《扶桑花開》，日本柏樹社出版。）

佛教思想上象徵慈心悲願的，有藥師如來佛及觀世音菩薩。其實祂們都不是實際存在的人物。真正來說，除了釋尊是實際存在的人之外，其他的佛都是人們創造出來的。如來及菩薩的尊稱，只是為了顯示釋尊悟道及修行的內容，並非是讓人祭拜的偶像。菩薩意指求道的人。人們會將藥師如來及觀世音菩薩具象化，是為了方便祈求「應病予藥」及「身心安樂」的心願。像日本法隆寺的金堂就是為了祈求用明天皇恢復健康而於六、七世紀興建的。

「應病予藥」顧名思義是因應病情而給予適當的藥物治療的意思。但最重要的，莫過於身、心都健康。人不能分開身體與心靈而活。身體生病時，心理也會不健康；身體如果健康，照理說心理也會健康。我希望病患在病情減輕時，就能做好心理建設，並且能幫助他人，活出生病的意義。

七、看護的心

大家都知道佛教思想上的如來及菩薩都代表著慈悲。「慈」在印度梵語為maitrī，原義為「友情」。友情對人與人之間的關係是很重要的，即使是病患之間，也能發揮友情的最大力量。安慰、鼓勵他人的同時，也是在安慰鼓勵自己。病患之間更能發揮這樣的作用，因為自己有病，才能產生同病相憐的友情。「悲」在梵語為karuṇā，原義為「呻吟」。看到別人悲傷、痛苦，也能感同身受而發出呻吟、喟嘆，所以能產生友情，變成朋友。病患之間更能彼此幫忙而發展出看護心。看護心就是以慈、悲為基礎產生的。

接下來思考看護的「看」之意義。

禪語裡有句「看腳下」，是指注意看自己的腳下，同時脫下腳上所穿的東西。這不是叫人注意禮儀，而是引申必須自己注意自己的事情。正如哲學家西田幾多郎（一八七〇－一九四五年）所說：「要謹慎思考目前自己遭遇到的課題是什麼，探求其意義。」好比我們要到某戶人家，在門口前，我們必須想好拜訪的目的是什麼，這樣才能毫不遲疑地脫下腳上的鞋子。我們必須清楚每一階段人生課題的意義。

「看」是會意字。會意字是指由兩個以上不同的漢字組合而形成的新字，這是古時中國造字原則六書之一。看字是由「手」及「目」二字會合而成，具有觀測、觀察的深遠含義。「手」「目」都是象形文字，目之上有手而成了看。從另一個角度來說，手裡有眼睛正是形容手裡有心的作用。

舉例來說：有天早晨，我的孫子似乎發燒，媳婦趕忙以手放在孫子的額頭上，過了一會就說：「好像真的發燒了，必須用體溫計量清楚。」人發燒時，就會以手代替目測。人的手掌裡，有心的感受。

我在一場為護士舉辦的演講上，曾經提到：因為年紀已大，不想再造成醫院的困擾，醫院方面可以不必為我使用體溫計或最新型的醫療器具，只要安排護士把手放在我的額頭上量量發燒的情形就行了。當然最好是愈年輕的護士愈好，這樣一來，我的燒不用幾分鐘就能全退了。聽講的護士全笑了起來。演講時，我發現有些人會微笑地看著演講者；有些人則邊點頭邊抄筆記。每一個人都在「看」，但有幾個人真正能深入觀察並抓住要點？現代人有必要重新學習「看」的真正本領。

歌舞伎的前輩藝人中村吉右衛門（一八八六－一九五四年）有一次詢問某位年輕的象棋

手：「最近在學習什麼？」他得意洋洋地回答仍在學習象棋。吉右衛門認為鑽研自己專長的領域是理所當然的本分，根本不算是學習。

吉右衛門說：「學習專長以外的知識，再吸收以成為自己的專長，這才是真正的學習。」總之在吸收各種不同層面的知識當中，學習也必須發揮像觀測、觀察這種看的真正本領。

名古屋大學的樋口先生是研究雪谷和冰山的國際學者，也是日本學界中有相當成就的年輕學者，他曾到過喜馬拉雅山等地探險。據說他在拜託當地的人搭帳篷時，當地的人絕不收取金錢。另外在醫療上，開發中國家的人對於機械性的治療及藥物抱持高度的不安。他也曾提到，和當地居民雖無法用語言溝通，但只要用手掌彼此拍撫，即能傳達心意。

探險隊的情形也一樣，年輕的隊員必須學會看的本領，仔細觀察探險地的風俗人情。如果不能徹底了解與當地人情感交流的方式，將無法獲得他們的熱心協助。這種重視和當地人打成一片的作為，形成探險人員率真樸實的個性。樋口先生認為在各種技術發達的今日，所有事情都按照一定形式且機械化地運作，人與人之間情感交流的原點已消失殆盡，這是件極為諷刺、可惜的事。同樣地，隨著醫學的發達，醫師與患者之間相互善意接觸的原點也早已消失不見了。

八、解讀患者的心——眼會手會

觀世音菩薩中，有種稱為千手千眼觀世音者，實際上的確有雕刻千隻手、千隻眼的觀世音菩薩。但平常我們看到的都是左右兩邊分別為二十隻手，中間兩隻手合掌，共計四十二隻手，象徵千手千眼的觀世音菩薩。千手千眼觀音同樣不是實際存在的偶像，只是釋尊修行及悟道內容的象徵。我們的兩隻手從早到晚都很活躍，做了很多事。攤開一生來看，我們似乎也擁有四十隻以上的手，才能完成這麼多的事。可見我們的手是多麼不簡單。

禪語裡有句話說「通身是手眼」，「通身」是指整個身體。這句話不是指整個身體全是手和眼，而是指手、腳、眼睛等各個器官都能充分發揮應有的功能。看護工作就具有「通身是手眼」的重大意義。千手千眼觀音幫助人們達成願望，並在任何時候都能觀察問題焦點而依狀況發揮自我的力量。

日本現代詩人坂村真民有一首詩〈我要手〉。詩的背景是寫一位住在養護撫育所就讀小學五年級而眼睛看不見的小男生，某次畫他的母親時，竟畫了很多隻手；養護撫育所的老師這樣說明：小男生是以「媽媽！真謝謝您！在我不像哥哥、妹妹那樣行動自由的情形下，您一直不辭辛苦地照顧我。真謝謝媽媽！」的感謝心而為母親畫了那麼多隻手。坂村真民先生聽了之後，非常感動地寫下這首詩：

失明的小孩畫了一幅畫
在母親的畫像上
有著無數隻的手
欣賞的瞬間
我心念一動
千手觀音出現了
一隻一隻的手
栩栩如生躍動
感覺不可思議
但並不怪異
是真的存在
啊！我需要很多隻手

為越南、巴基斯坦的小孩
為印度、尼泊爾的小孩

透過這首詩，更能明白千手觀音的象徵意義。

禪語裡還有一句「眼會手會」的話。「會」是領會理解的意思。意思是眼睛及手都能領會理解。記得野中吉行（譯名）先生曾在某醫學雜誌上感嘆地說「應看病不看人」，但「不看人」是不是意謂「忽視」患病的「人」，不把患者當人看，只當成一個物體來看？我反對這種論調。之前一直強調「看」字包含眼、手、心。有位護士把看的意義用俳句表達得恰到好處：「準確的眼光　包容的耳朵　溫暖的手」，這正是「眼會手會」的真諦。

九、患者與護士的相遇之道——一期一會

我認為醫師與護士在患者之前，必須要有健全的心理準備。依宗教的觀點來說，可分為三項要素。

第一：嚴肅的態度。借用道元禪師的話：「珍惜每一個現在，現在只有一瞬。」每一個

人都有自我存在的意義。必須以嚴肅的態度面對身為一個人的自我，以這個自我來過難得的一次人生，要珍惜每一個今天，每一個現在。

第二：虔誠的心念。即必須心懷謙虛。單靠一個人的力量是無法活下來的，我們能活到今天，就是靠相遇的所有人的支持。我們必須時刻抱著這種虔誠、感謝的心。

第三：邂逅的情懷。人與人的相遇都只是短暫、偶然的。每一次的相遇，都是來自不可思議的緣份。在生活裡，要能碰上好的醫師、護士及好的老師、朋友是多麼難得啊。

這三點：「嚴肅的態度」、「虔誠的心念」、「邂逅的情懷」，不能只當做觀念理解，應該成為實際體驗的準則，像「寒暄語」一樣融入生活之中。「寒暄語」不光是為表達禮貌；而是透過若無其事的寒暄，喚起彼此心中沈睡未醒但豐富有情的人性，可以形容為生命與生命相會的開場白。

最近，寒暄語越來越被人所遺忘。我認為這有兩個原因：一是寒暄一詞原本是用漢字「挨拶」書寫，但自從日本常用漢字表刪除這兩個字後，用假名表示的寒暄一詞便使得人們逐漸淡忘其意義，也忘了表現在行為上；另一點是自動販賣機的普及。你在自動販賣機前買東西是不需要說話的。

我希望患者與醫師、護士相遇時，能彼此多多寒暄、問候。多使用日常問候用語，像「早安」、「午安」、「謝謝」、「對不起」、「是」等等。

「謝謝」的日文是「有り難う」，原義不只是感謝而已。之前提到，我們必須以嚴肅的態度面對且珍惜活到今天的事實，畢竟對於自我生命存在的「有」是多麼「難」能可貴啊！為了傳達這份理念，我們必須多說「謝謝」。

「對不起」的日文是「すみません」，原義並非單純的道歉，而是指雙方人情關係「未完結」的情況下，有一方必須「報恩」。但人生裡，終究無法徹底報答完恩情，我們只能以虔誠的心念說聲「對不起」。

「是」不只是對他人的回應，也是對自己的回應。中國唐代有位師彥禪僧，據說他坐禪時，會對自己喊「主人公」，並且自己回答「是」。對自己喊主人公的緣故，在於自我之中還藏有一個自我，這個內在的自我具有純真善良的本性。對任何關係到自己的事，說出「是」的真誠回應，可說是內在真正自我的展現。

三、四年前，有一則令我深受感動的新聞。內容是報導某位患了「失憶症」的青年，全然忘記自己是誰，當他徘徊於九州的志摩海岸時，被人發現而送交警方照顧。警方將他送到醫院治療，但仍無法恢復記憶。某一天，他聽到同室病患的收音機傳出甲斐樂隊的歌曲「展開雙翼」，病情才慢慢有了起色，再加上醫師的治療，他開始想起有關自己的所有事情。原來「展開雙翼」是他最喜愛的歌曲，就是這首歌喚起他內在的自我，使他想起家中的電話號碼，也想起就讀的大學名稱。

當時他回答新聞記者的內容，讓人留下深刻的印象。他說：「那時候，真的什麼都忘了。但沒想到內心裡還有一個我，是他喚醒我以前所有的記憶。」他說的沒錯。其實我們每一個人內心深處那已被遺忘的純真自然本性可以藉由某種「緣」將其喚醒。其中一項方法就是透過人與人之間的寒暄而恢復。

我建議應該提倡說「謝謝」、「對不起」、「是」三個問候語運動。問候語雖說是人類創造的語言，但具有超越人類語言的巨大功用。

精通茶道的大師井伊直弼（一八六〇年歿）曾說過：「一期一會」。我一直把這句話當作人生的座右銘。一期一會意指：人生每一次的相遇，都是唯一的一次。「一期一會」及「相逢即是離別的開始」這些理念促使我能以嚴肅的態度、虔誠的心念、邂逅的情懷面對每一刻。

一期一會不只針對人際關係，同時也告訴我們：即使是簡單的泡茶，也必須以「一期一會」的虔敬謹慎的態度處理茶具。當我們生病時，千萬不要感到恐懼、悲哀與絕望；其實我們和疾病的相遇，也是一種「一期一會」，我們應該耐心、細心面對疾病。前妙心寺館長梶浦逸外老師父罹患癌症時，曾心平氣和地說：「我會和癌做好朋友，不會憎惡怨恨它。」這句話對我產生深遠的影響。

「一期一會」、「相逢即是離別的開始」這些話教導人們以珍惜的心面對每一次的相遇。這和修禪者所說的「病中如山野」是一樣的道理，因為生病療養也是人生的一種修行啊！

（前龍源寺住持）

身心相關

奈良康明

一、生命的作用・身心的二元論及一元論

很早以前，我就對「醫療與宗教」這項課題抱持相當大的興趣。這項課題長久以來並未受到人們廣泛的討論，因此以自己一個人的力量，也許無法得出綜合思考的結論。在此謹就佛教在現代社會裡，是否能發揮其實際的功能和作用這一點，發表一些個人的看法。也希望在座的各位能提供意見，一起思考、討論這項課題。

在進入「身心相關」這項論題以前，我想先就英國的一位生命科學家哈丁的觀點開始談起。哈丁曾說過：「生命體具備了發揮積極維持正常及特異構造的機能。」這是哈丁以一個生命科學家的立場，所談的關於人體的奇妙現象。

我們不小心割傷手指頭，理所當然會流血。但人體本身具有自我痊癒的功能，當流血停止後，肌肉會慢慢地生長復原。這也就是所謂「積極維持」的意義。而如果我們面前有個杯子掉落摔破的話，它並沒有恢復原貌的能力，也就是它沒有復原的積極性。雖說人體具有杯子所沒有的復原功能，但受傷後的肌肉並不會毫無限制地繼續生長，它會生長到一個正常狀態下停止。若不會自動停止生長，那就表示人體有問題了。癌症等疾病的產生即表示人體的功能異常。細胞在一定的時候停止生長，才能維持正常的功能。可以說生命體都具備這種「積極維持正常的功能」。生命體還有一項「特異的構造」。當人不小心割傷手指頭，指頭的皮肉會生長復原；指甲脫落時，也會繼續生長；當手術切掉胃的一部份時，胃也會產生新的部份填補。人的生命體從未有過指甲剝落的地方長出胃的黏膜的例子。皮膚、舌頭、胃等各個人體的器官組織都保有其本身的「特異構造」。人類的生命體的確具備「積極維持正常及特異構造的機能」。

人的身體擁有如此奇妙的作用，真是一種不可思議的生命體。當生命體有問題時，幫助恢復正常機能的，並非醫師的功勞。醫師只是幫忙治療肉體，真正發揮痊癒力量的是患者本人。可以說每個人都有自我痊癒的力量。心的世界也是一樣。人是由身體和心靈組成，這是大家都知道的常識。既是如此，心靈的治療也和肉體的治療一樣，有著相同的意義，也就是人的心靈也具備積極維持正常狀態的機能。

根據上述的說法，我認為當人的心靈受傷時，人也具有自我痊癒的力量，並不一定要依靠宗教的力量。我也是一個信仰虔誠的人，每當看到別人悲傷痛苦時，我都想去安慰、幫忙他，說得離譜些，我會以為自己具有使人心靈健康的力量。但其實應該說是那些心靈有病的人靠著自己的力量，治好本身的創傷。幫他們的人只是從旁輔助罷了。這個想法已存在我腦海很久了。

身體和心靈在各種層面上都是互相關連的，這就是論題上簡單的幾個字「身心相關」。當日常生活壓力過大時，容易引起胃痛，甚至引發胃潰瘍，相信大家都知道。雖然榮格和佛洛伊德所做的精神分析裡，並沒有明確提到心靈和疾病之間的關係，但現代人都明白兩者之間關係密切。「身心相關」就是指身體和心靈之間，有著密不可分的關聯存在。

不過，總覺得上述的說法並不十分妥當。「身心相關」指出身體、心靈兩者及它們之間的關聯，可說是一種二元論。但仔細思考後，會令人產生疑問：身體和心靈真能分得很清楚嗎？雖說身與心相關聯是項基本的常識，但仔細觀看社會上一般的情況，會發現很多人是將兩者分開思考的，也就是所謂的身心二元論。二元論在哲學上可以有許多不同的討論，而在醫學領域上，像醫師就常只以自己的感覺，比如當患者胃不好時，只針對胃做治療，哪個部位有病，就只給予治療那個部位的藥。

我從身邊幾位醫師朋友的言談中，可以知道當醫師面對胃痛的患者時，都只對胃做仔細的觀察，而不管胃病和其他器官是否有關。舉例來說，目前一直為人詬病的就是濫用藥物的問題。我認識一位老婆婆，她在去世之前，常在飯後一次吃下醫師開給她的許多藥丸。老婆婆常常抱怨說：「醫師怎麼會叫我吃那麼多的藥？」袋子裡一大堆黃色、白色的藥丸。「數數最近飯後必須吃的藥，竟然有二十七粒之多。」老婆婆驚訝不安地說。問她為什麼要吃那麼多藥，原來她的胃不好，又患失眠，身上有一大堆毛病。雖然我不是學醫的人，只能算是醫界的門外漢，但對於飯後必須吃下二十七粒藥丸這件事，也覺得不可思議。似乎從事醫學的人只是把人體細分後，專門針對胃、肝臟等各個器官分別進行治療。我曾詢問醫師朋友的看法，竟然有人說出「只看病，不看病人」這樣可怕的言論。所幸現代人已經開始對唯物論的醫學及機械論的醫療有所反省，全人式的醫療正被人重視，成為廣受注目的話題。

以前曾和仲尾先生一起到岡山演講，仲尾先生當時是自治醫科大學的校長，他原本是東京大學的教授（現在應該也是吧），在演講結束後，我問了仲尾先生一些問題，他當時的回答，給了我很多啟發。他說：「現代從事醫學的人可以不看患者的臉就能診斷，並且給予藥物治療。這只能說是『醫學』，但不能算是『醫』。」仲尾先生特別強調「醫」這個字。接著他又說：「那種診斷方式只是醫學，絕對不是醫。我認為在治療患者時，首先應該以問診的方式仔細觀察患者的臉色及舌頭的情形，然後拍拍患者的肩膀，說聲『會好的』使他安心。這才是『醫』該有的診斷方式。」

我似乎一直在批評醫學人員的缺點；其實所有的宗教人士也應該有這樣的反省。宗教常常強調人類應該有正確的信仰以恢復本心；然而宗教不應該只針對人類的心靈，並期望就此解決所有的矛盾。雖說心有其一定的意義，但光針對心就真能解決所有的問題嗎？這是我對自己多年來的宗教信仰所作的反省。

二、「身心一如」的生命觀

「身心相關」意指人是身體和心靈組合而成，而兩者有著密不可分的關係，人應兩者並重，且探求清楚身體及心靈的關係。區別身體和心靈可說是一種二元論的思考模式。但從某一個角度來看，二者亦可融為一體，雖然這常令人無法理解。佛教即以「身心一如」這句話來形容，說明身與心的「不可同」，同時也「不可分」的意思。不可同是指並不相同，即二者之間有所區分；但同時不可分就說明二者關係密切。要言之，身體和心靈雖然可以區別，但絕對難以分開討論。其實說得正確點，身體和心靈是同時存在於一個個體內，它們只不過是以人的存在方式所作的區別。如果要瞭解人，就不應該把兩者分開討論。我認為這是佛教觀照人最基本的理念。

佛教教義裡，有「五蘊」這個詞彙，意指人是由五個構成要素所蘊合組成。佛教基本教義所稱的「五蘊」，就是色、受、想、行、識五個要素。色是指有形的物質，大概說來，就是人的肉體。受、想、行、識是依心的作用來區分，受是指人的感受作用；想是指腦海中浮現的影像或念頭；行稍微難以理解，可解釋為意志、行為能力；識就是認識。肉體與心的作用大致可依上述來區分。雖說有這樣的區分，但不能說人類就是由色（身體）及受想行識（心）所組成，這樣的說法並非完全正確。應該說肉體和心靈相互作用、密切關聯，彼此有很強的對比和並列的關係。站在「身心一如」的立場，之所以要分別身體和心靈二者，且說明二者之間有對比的密切關係，只是讓人易於理解的說法。即二者是由一分述而來，這是為了方便說明才有這些不同的解釋。要言之，身心不可分才是佛教原本的見解。

所以人們常說的心有病或身體有病，其實正確地說，應該是身心都病了。看見東西時，並非是眼睛看到，而是身心一起發揮作用才看得見東西；同樣地，身心必須一起作用才聽得到聲音；因為身心一起誕生，所以身心也會一起死亡。這是我們必須建立的身心世界觀，明白人生的一切須由身心一起發揮作用。可惜我們總是隨意強調自我，破壞身心一如的一體性。

道元禪師在他的著作《正法眼藏》裡，說了一句令人較難理解的話。因為之後會談到生死的問題，所以先舉例來做說明。禪師以譬喻的方式說：「有薪，以火點燃，火勢熊熊，倏忽，薪盡成灰。」這種過程，也是必須身心同時作用才能見到。當我們身心都看到薪是薪、灰是灰時，是不可能看成其他東西的，它們有其絕對的存在性。當人們看到「薪盡成灰」時，會比較功利地認為：薪燃燒時，正發揮燃料的功能，所以是有價值的；變成灰後，因為沒有使用價值，就應該丟掉。然而，立於薪本身的立場來說，薪是它的真面目；火勢熊熊正在燃燒的時候，也是存在的真面目；變成灰時，灰也應該是它真正的面目吧。禪師的話，大概蘊含這樣的主旨。

這個薪的譬喻也許令人難以理解，不妨進一步以人的生命過程來作說明。人會從嬰兒成長為小孩，再經過青少年、中年的階段，最後變成老年人，這是人生的成長過程。那麼到底哪一個階段才是人的真面目呢？我們應該明白每一階段都是人的真面目。剛出生的嬰兒、小孩、青少年、中年、老年乃至臨死的那一刻都具有人的真面目。生命成長的過程只是一種變化的過程，畢竟全是無常的存在。我也像每個人一樣，一直不斷地變化著，雖然眼睛看不出明顯的變化，但透過細胞的新陳代謝，我們在不知不覺中一日一日地變化、成熟乃至於變老。

以佛教的觀點來說，生命過程並不只是單一的變化而已；而是相連的每一個階段都在進步的變化著，所有進步變化的瞬間都是人的真面目，是以尊嚴的存在形式繼續變化著。人類要擁有尊嚴的存在感，就應該如前所強調的，必須發揮身心同時作用的機能，才能在變化過程中的每一瞬間以真面目順利成長。只有「身心作用」，人類才能感受到自身真實的存在。這也可說是達到佛的境界了。

再說詳細一點，《正法眼藏》裡，繼續提到「此生死即佛之生。」要言之，生存和死亡都只是生命的作用。一早起來，打哈欠、洗臉、肚子餓了吃東西、忽然想喝酒、偶爾合掌向佛菩薩祈願等等，每天所做的很多事情都是在發揮生命的作用。人在世間積極發揮生命的作用便代表著佛的再生；人的生命就在發揮佛的作用。舉基督教的例子來說，保羅曾說：「我們雖不曾意識到神的存在，但我們的確在祂的庇佑下行走、活動、生活。」基督教的教義說明，即使人不認識神，也沒有自覺受到神的恩惠；但在神的眼中，所有的人類都是祂的子民，祂都毫不偏袒地照顧著。佛教看似和基督教大異其趣，但本質上也有類似的見解。佛教是把法，即真實的作用稱為佛的生命。我們日常的所作所為都充滿著生死，展現佛的生命變化。人們常無知地強調自我而破壞身心的平衡。強調自我的生，而害怕自然的死，妄自以為生比死好。就像自以為火鍋比豬排好等等，人常常如此的自以為是。

道元禪師也強調：「因厭而捨之，即失佛之生命。」又說：「忘懷身心，投入佛之精舍，以佛意行事，如此從之行之，不費心力，即脫離生死，為佛。」所謂「忘懷身心，投入佛之精舍」即指必須否定自我。總之，從禪師的話中，我們可以領略到，就是因為人太強調自我，所以才會失去佛之生命，破壞身心作用的平衡。

不過也因為過於強調所有事物都包含在佛的意旨下，所以容易造成和尚、禪師等修行者的誤解。例如：「將死時，順其自然而死最好」、「生病時，順其自然而病最好」等等，這些話很容易招人議論，而且也並非佛教的本意。無論如何，人都應該努力過每一天的生活，不到最後一刻，絕不放棄探究生活的意義，人必須有這番深切的體認。接下來，特別以「身心相關」的觀點，探究我們自己或患者本身應如何面對死亡的問題——這是我想要深入探討的重點。

三、人間苦・死的「消解」與「解決」

在思考這個問題的同時，必須瞭解佛教教義裡，有兩種不同的宗教性解釋標準。也許基督教也相同。為了易於理解，我用「消解」與「解決」兩個詞語來說明。這兩個詞語到底有何不同呢？我以大家都曾實際經驗過的例子來說明。

這是我在一個非常炎熱的夏日，從一位常拜訪我的青年身上得到的啟發。當時這位青年人身上穿的T恤印有「夏天很熱」這幾個字，看到這句話的同時，讓我聯想到和宗教有關的事。說得誇張點，這句話正可以代表佛教的入門語，同時亦具有深遠的意義。在酷熱的夏天，人通常是以三種方式因應：

第一種：天氣真熱，討厭極了，秋天為什麼還不來……等等抱怨個不停的方式。因為討厭酷暑，但又無法改變天氣，所以只能不停地抱怨、咀咒。其實這不是真正的對應方式，因為這畢竟是消極的，毫無處理問題的能力。

第二種：熱的話，只要開冷氣就能渡過夏天了。這是最常見的對應炎熱夏天的方式。這種方式確實顯得較為積極、有效。但是，仔細想想，這種方式能永遠有效嗎？當酷熱難耐，還得盛裝提著行李，流著滿身臭汗而又不得不趕路時，就無法使用冷氣趨走炎熱了。也許有人會馬上建議：反正到處都有咖啡店，只要進去吹個冷氣，休息到傍晚天涼時再出發，不就行了？這種建議在平時也許行得通，但碰到嚴酷難熬的人生際遇，就無法這麼處理了。例如：失去心愛的小孩或面臨死神的降臨，這些具體、嚴酷的人生事件，就無法單靠冷氣了。即使有效，有時候仍必須冒著酷暑，流汗出門。冷氣終究只是一種幫我們暫時脫離暑熱的簡便法門，只能說是一時的「消解」方式。畢竟這是以物理方法解除煩苦罷了。

那麼什麼樣的方式才能真正「解決」酷熱呢？就是採取認真的生活態度。一到夏天，人往往採取暫時性「消解」暑熱的方式，諸如找有冷氣的地方，或是盡量避免外出等。但遇到即使多方設法，仍不得不提著行李流汗出門時，人們就比較能夠採取「解決」暑熱的方式。沒錯，「夏天很熱」，那麼流汗也是理所當然，有了這種體認，就能擦掉汗、抬頭挺胸完成旅途。這種方式並非單純解決外在痛苦的原因；而是以身心的力量徹底解決的方式。

關於日常生活中，如何分辨消解與解決？這個問題可以以親人死亡的例子來思考。因此接下來，便以消解與解決為重心，再以我經驗過的事以及引用佛典的二、三例子來補充說明。

小孩死後，或是最親近的家人死後，都會舉行嚴肅的葬禮儀式。為何要有葬禮？葬禮有何意義？先以小孩死掉的例子說明。對失去小孩的雙親而言，死亡是多麼可厭、令人不快的字眼；同時內心充滿悔恨及無力挽回的情緒。這時雙親心中承受著一生之中難熬的酷暑，舉行葬禮的意義之一即在於撫慰雙親心靈的悲傷。由主持葬禮的和尚負責通知親戚朋友。當親戚、朋友及鄰居前來時，必會安慰傷心欲絕的父、母親，一起守靈後，隔日才舉行告別儀式及葬禮。在這樣的儀式過程中，雙親都能得到莫大的安慰。當他們融入日本傳統葬禮或佛教葬禮的莊嚴氣氛裡，會隨著儀式的舉行，心靈得到無比的安慰，覺得人間其實仍是有情世界。

若是人死後，沒有舉行任何宗教葬禮儀式的話，死者的家人也會難堪吧。

有心即有形。即使心意並非充分的表現，也會因為形式的完成而使內心安定，這是日常中常經驗到的事。葬禮即是在哀悼、追憶死去的親人的心意下所展現出來的具體形式。日本原也有自己的死亡觀念，但是今日看到的佛教葬禮儀式，已完全融入日本人生活之中，成為一種傳統形式。這種形式在日本社會裡紮根已久，一直留傳至今。

透過莊嚴的葬禮儀式，如撕掉薄紙一般，不安將一一消除，心也恢復安寧。特別是悲傷欲絕時，更能透過儀式而恢復安寧。不只限於佛教，基督教等其他宗教的葬禮儀式也都是一樣的，雖說是為死者舉行的告別儀式，但實際上是為了安慰活著的人的心靈，鼓勵那些悲傷無力的人能繼續活下去。這是宗教學人士所謂的葬禮儀式所包含的作用和意義，我很贊成這種見解。以下的看法也許稍顯唐突，但我始終認為為死者舉行的告別儀式或撫慰心靈哀傷的葬禮並非完全的「解決」，充其量只是「消解」罷了。

那麼，對於失去愛兒的雙親，要如何才能徹底消除心靈的哀傷呢？我想舉一個佛教的故事，是關於一位名叫幾撒喬答密的年輕母親的故事。她因為小孩死掉而四處到宗教大師居住的地方，痛哭哀求讓小孩再活過來。沒有一位大師有此本領。最後她來到釋迦牟尼佛陀跟前，釋尊說：「好，我可以讓妳的孩子復活。」她聽了，非常高興。稍後，釋尊又說：「但是我也有個要求，希望妳能從村裡拿來一粒芥末的種子。如果妳能做到，就能如願使妳的愛兒復活。不過，這粒種子必須來自於從來沒舉行過葬禮的家庭。」如果發生在現代的東京，必定到處都能要得到，因為東京大都是小家庭，而有很多家庭暫時都未曾舉行過葬禮。但在古時候的印度，大都是三代以上同堂的大家庭，是採取聯合家族的制度。在那樣古老的印度社會，要找出一個沒有舉行過葬禮的家庭是不可能的。不管這位母親多麼辛苦地尋找，始終找不到這樣一粒芥末的種子。在她找尋的過程中，終於慢慢瞭解不論何人終究都會失去他最心愛的人。這個故事藉由釋尊改變一位年輕母親的想法，教導人們必須面對失去小孩的事實，即使悲傷也必須停止追憶，應該認真、積極地活下去，這樣才能真正克服悲傷。聽說這是個真實發生的事情，後來這位母親出家為尼，過著修行開悟的生活。

以下，我再引用一個佛教故事，是關於一對兄弟，當哥哥死掉後弟弟參加葬禮的故事。這位弟弟在葬禮時並未流下一滴眼淚。來弔喪的人覺得奇怪，就問他：「你哥哥死了，難道不悲傷嗎？」他答道：「當然感到悲傷，但是人世無常，哥哥畢竟會死。」又說：「世上的人、事、物變幻無常，因此遵循這個原理，哥哥必會死去。同樣地，我也會死去，你們每個人也會死。與其哀悼死去的哥哥，不如珍視也會死去的自己，努力積極地過日子。這樣不是更好嗎？」這些話也許過於冷酷無情，但的確人世無常，有形的東西必會消滅，有生必有死。

每個人都將遵循這個原則死去，這是一件多麼悲哀的事，但人們也必須冷靜地接受。這個故事教導我們必須平心靜氣接受身邊的人死亡的事實，以嚴肅認真的態度，努力積極地活下去，這才是真正「解決」悲傷的方式。現代也有很多類似這樣的例子。

敘述了前面一大堆的道理，無非是想闡明「死心斷念」的意義。這也是一句容易招致誤解的話，人們常用於消極不好的意思上。我先敘述一件最近經歷的事，可說是相當有趣的小插曲。

我在大學負責教授佛教文化史，並兼任東京下町的住持。在一個下雨的星期天，我正在寺院主持一項法事。

上午十一點法事、掃墓結束後，請求做法事的戶主為了招待客人與親戚，已向附近一家料理店預約午餐，那家店距離寺院有四、五分鐘的路程。戶主趁雨停之際，趕忙帶領客人先行前往。戶主的姊姊及妹妹則因為有一些事情還未處理完，跟他們說稍後再去。沒想到她們正要出發時，又下起大雨來了。

無論是一周忌或三回忌的法事，為什麼人們總穿黑色喪服，這讓我感到很不可思議。像當日前來參加法事的婦女們也都和往常一樣穿著黑色的衣服。

這個有趣小插曲的主角就是準備前往料理店和戶主會合的這一對姊妹，身穿黑色衣服的她們如何在大雨中前往料理店引起了我的注意。

首先姊姊打開玄關的門後，發現雨下得很大。「正要出發就下起大雨，衣服一定會被淋濕的。」這位典型的下町老婆婆側著臉望著天空，發牢騷地說：「還是先避避雨好了。」不到片刻又說：「不過，要是沒有和弟、妹一起向客人致謝的話，就太沒有禮貌了。沒時間避雨了。」回過頭問我說：「計程車會不會馬上開過來？」

我的寺院在下町的中央地區，附近很少有顯著的標記，即使叫到無線電計程車，也不會馬上開過來。我回答她：「不會馬上來。」對寺院環境也很清楚的老婆婆無奈地說：「真沒法子了。」「真討厭，一定會淋濕的。」抱怨完後，她只好脫下日式布襪，放進皮包裡，再撩起黑衣的下襬，緊緊綁住後，斜拿著傘，毫不遲疑地衝進下個不停的大雨中。

接著是晚一步準備出發的妹妹，大約五十三、四歲，她來到玄關，看到那麼大的雨時，和她姊姊一模一樣的反應：「真是討厭，這樣出門，衣服一定會濕透的。」抱怨完後，卻和姊姊的態度不同了。「不管了，我要在這裡躲雨。」我只好提醒她：「你們不是打算三個人一起向客人致謝的嗎？令兄和令姊已經趕過去了，而妳怎麼要在這裡躲雨呢？」於是她問我：「能幫我叫到車嗎？」她應該和她姊姊一樣，十分了解寺院的位置。我說：「無法叫到計程車的，這點妳應該明白。」她只好向我請求讓她打個電話回家。原來她打算叫兒子開車來接她，但是她兒子不可能真的來接她。其實她也明白兒子在星期天都會和朋友出去玩，根本不會在家聽電話。即使在家，從她家到寺院也得花四十分鐘的車程。果然她兒子無法來接她。

這位女士的態度不像她的姊姊那麼乾脆，因為討厭在雨中走路而做了許多無用的舉動。她在任性地發了脾氣之後，仍和她姊姊一樣，把脫下的布襪放進皮包裡，撩起衣服的下襬，在雨中踩著沉重的腳步而去。

我看了這兩位女士的態度，覺得相當有趣。看到別人有困難，卻幸災樂禍，當然不對。不過我從這件事，想起「死心斷念」這個成語。這個成語在日本話裡還有服輸、投降、放棄等的意思，正可以用來形容無計可施的主角妹妹以沈重的腳步在雨中行走的境遇。明知沒法改變而又不得不做的情況下，邊發牢騷邊做，這是多麼消極難看的行為。事實上，死心斷念這個成語來自佛教的「諦」字，也可以用「明」字來表示。死心斷念就是明白必須放棄，積極地說則是指必須明確地做出相應的行為。什麼是明確地做出相應的行為？便是當明瞭自己所處的狀況時，不管討厭與否，都應該繼續前進。以事件中姊姊的立場來說，討厭被雨淋濕是人之常情，就像人遇到挫折時，當然會把夢想寄託在未來，藉以改善當前的事態，所以事件中的姊姊會想到躲雨。當她想到沒有時間躲雨時，她非常清楚自己所處的狀況。知道有車就不會淋雨，但也清楚叫不到車的事實，於是「明」白自己必須冒雨前往。所以說完「沒有法子了」，就勇敢衝進大雨中，讓衣服淋濕。而事件中的妹妹則沒有抓住死心斷念的真義。她雖然明知必須前往，但仍運用拖延戰術，結果還是得向事實投降，拖著沈重的腳步走在雨中。

這件有趣的小插曲，讓我思考了很多。仔細想想，我們很多人都像事件中的妹妹，經常拖著沈重的腳步做該做的事。即使明瞭自己的處境，但要做出該做的行為，的確非常困難。以佛教的觀點來說，能夠諦明斷念並做出應有的行為即是前面提到的「解決」方式；而無法諦明斷念則是「消解」的方式。

解釋了這半天的「死心斷念」，究竟有何意義？我要先請大家注意佛教所主張的人皆有欲望這個普遍皆知的事實。欲望是指人因缺乏或不滿足而產生的心理欲求。口渴了會有想喝水的欲望，只要喝夠水就會感到滿足；但稍微留意一下人的心靈表現，會發現人總是經常在強調自己的欲望，似乎無論何時都無法滿足。這種無法滿足的欲望，可分為二類。

我們可以將它分為「虛無的欲求」與「無限制的欲求」。虛無的欲求是指希望死掉的人復活、想要長生不老等等，即強求不可能實現的事物。釋尊之所以開始修行的動機，即在於老、病、死這些人世間的苦所帶來的不安。苦這個字在一般人使用的語意上，與佛教所指的苦有相當大的出入。一般人所說的苦，人都指來自於肉體的痛苦，如肚子餓或切到手指的痛苦。而佛教所說的苦是指現實中無法隨順己意的痛苦。我們都有欲望，很多時候都難以滿足。原本打算只要一個欲望實現就夠了，到手後，又要求下一個。人的欲望永遠都無法滿足，所謂欲壑難填。因此虛無和無限制的欲求同時困擾著人們，關於這點，我想起一個笑話，我用不同的方式敘述如下：

有對夫妻約法三章，規定彼此不准說出五句對方討厭聽到的話。雖說約定了五條，不過印象中，只記得各自的第一條。丈夫絕對不能對妻子說的第一句話就是「這個醜八怪。」如果丈夫說：「妳應該再學學化妝的技巧，隔壁的太太比妳有魅力多了。」妻子真能改進化妝技巧變得漂亮的話，也是一件好事。不過，如果妻子長得實在難看，那麼，不管化妝技巧如何高明，也無法變得漂亮。這時丈夫的話就是一種虛無的欲求，因為這畢竟是無法實現的欲望，只會帶來煩惱。另一方面，妻子絕對不能對丈夫說：「什麼？只有這些薪水？」當丈夫月薪三十萬日幣，花二十萬賭馬、賽車後，只能交給妻子十萬元時，妻子若要求「這麼點錢很難過活，下次要將薪水全部交給我。」丈夫只要把下個月的薪水全數交給妻子，就能滿足妻子的欲望，這就不是虛無的欲求。但若薪水已全部匯入銀行的戶頭，而妻子卻還嘮叨：「隔壁的男主人明明和你一樣年紀，月薪卻有三十一萬五千元呢！」丈夫若想到自己很難滿足妻子的要求，也會感到很沒面子吧。在日常生活裡，我們經常可以聽到這樣的對話。

類似上述膚淺可笑的對話，的確充斥在日常生活中，甚至和生病、死亡相連接。因為人類過於要求無法實現的事物，所以容易對人生感到不安，佛教稱這種情形為苦。有人會說，像指頭受傷這類生理的痛也是一種苦。沒錯，肉體的痛也是苦，但佛教不認為這種苦是人生的重大問題。其實肉體的痛苦只要請求醫生治療，往往能醫好。但沒有症狀的心靈痛苦，才是真正的苦。前面提到的「解決」方式即是抑制人的種種欲望。因為討厭在酷熱天氣下流汗走路，所以一般人都會想找個涼快的地方休息而不願再走下去。走進咖啡廳吹冷氣，雖然可以暫時消解暑氣，但並非真正的解決方式。人應該抑制吹冷氣的欲望，也就是明白情況後，認真邁步前進——就某種意義上，這的確違反了人性的自然，也的確難以做到。特別是對於失去小孩、極度悲傷且疲憊的父母親，要他們明白小孩已死的事實而平心靜氣地接受是件很難的事；即使明白事實，要他們不去想而好好地生活下去，也需要很長的時間。而釋尊的智慧教導我們：明白該做的事，就應該努力解決問題；同時也附加說明，盡力做就可以了。例如我們不能否定吹冷氣消解暑氣的功用，但也不能因此而逃避炎熱；總之，除了採取消解的方式外，還要以「解決」的方式克服「苦」。為了引導各位深入理解，我想再舉其他的例子。

四、認清死的現實

釋尊八十歲時，想看看自己生長的故鄉，準備結束人生之旅。那時釋尊因年紀已大，肉體正承受著痛苦而顯得疲累不堪，但他並不刻意隱藏。在往故鄉的旅途上，還不時和弟子談話，如「就像舊車要用皮繩才能讓它吱嘎地移動；我的身體也要用皮繩綁著，才能走動。」「疲倦口渴，想喝水。」等等，途中到了某一個村鎮，釋尊說出很多樹的名字，就像現代人常說的：「這裡的杉木真美，松樹也很美。」釋尊不斷說著各種樹名。最後感嘆地說：「這真是一個美麗的世界；人類的生命到處充滿甘美。」這不只是八十歲老人單純描述美麗風景的話。當人好不容易領悟到人實存的內心之後，才能以身心感受到美麗的世界。同時這也不是單純的感嘆，而是釋尊看透人生內在的根源之後，真誠贊頌生命及世界的美麗。

談到釋尊贊頌世界的美麗時，我忽然想起因肺病去世的友人。當時戰爭才剛結束，所以還沒有盤尼西林等治療肺炎的藥物出現。朋友清楚自己的肺病很難醫好。每次我和其他的人去探望他，都發現他的病情更加惡化，他也明白自己的病是醫不好的，因此言行舉止表現出極大的不安，有時沈默、有時嘮叨，或以粗言暴語對待慰問他的朋友。因疾病的痛苦和煩惱，使他不斷閱讀宗教書籍，後來他成為基督教徒。在他去世前三個月左右，他身邊的人感到他完全變了一個人。脾氣不再暴躁，與人交談的態度也顯得平心靜氣。有一次，當他聽完我們說的許多事情之後，說：「你們要好好過日子。我就快死了，不過我並不感到害怕，因為那是神的恩召。」那時，我只有十八、九歲，根本不懂他為什麼這麼說。後來，他又有感而發地說：「也許你們不瞭解我的心情，但我看到的世界真的非常美麗。」老實說，當時我對他的這番話，只認為他在說傻話。因為當時他住的病房很殺風景，只能看到病房外二、三棵落葉紛紛的樹。當時，我只明白他的內心有著明顯的改變。不過，從這位朋友的死和他說的話，我開始瞭解宗教世界的存在。

後來仔細回想，那時我的朋友雖明白自己的病醫不好，但當病情好轉時，縱使醫生沒表示會痊癒，他的內心總燃起能治好的希望；但病情在隔日馬上又開始惡化。病情雖然有幾次好轉的跡象，其實是不斷地惡化。在這樣不斷的折磨下，他感到絕望。所幸由於認識神，他瞭解到生命的本質，也體會到「死心斷念」的真諦。所以當時他才能平靜地說出是神的恩召。從這位朋友的死，我才體會到釋尊所說的「這是個美麗的世界；人的生命到處充滿甘美。」並非只是單純形容風景的美而已。

美國的心理學家邱布勒・羅絲博士曾在她的著作《邁向死亡之路》裡，提及人在面臨死亡之前的心境。書上說到：人的自覺死亡，往往要經過幾個過程。第一，最初面臨死亡時，會有恐懼感產生，不願面對自己將死的事實，拼命和死亡相抗爭；當明白抗爭無用時，會引發內心的悲傷，而終至死心斷念。不過，這裡的斷念意思並非之前我一直強調的死心斷念的真諦，而是指徹底放棄、陷入絕望的狀態。最後的過程，博士稱之為毫無情慾的過程，是指面臨死亡的人和現實世界的連繫完全切斷的狀態。這時對於面臨死亡的患者，不必說什麼話，只要靜靜地握著他的手就行了。

當人面對死亡時，如博士所說，會由恐懼、悲傷，再到死心斷念等這些過程。博士在著作裡雖也提到斷念，不過可惜的是，不是積極的「死心斷念」的意義。讓人覺得她所談的還不夠深入。事實上，世間有不少人是以「死心斷念」的心態積極認真地生活，並因此表現出了不起的死亡意義。仔細看看幾個例子，他們的人生與死亡過程和佛教觀點的「諦明斷念」以及認真、「解決」的生活方式是一致的。

茲舉一個日本眾所皆知的例子，曾任東京大學宗教學系主任且是國際宗教學泰斗的岸本英夫先生（一九六四年歿），他對死亡就有相當的見解。在他去世之前所編輯成冊的散文集《凝視死亡之心》書中，他談到自己原先認為死亡是虛無的，然而當被宣告只剩半年生命時，他竟慌張了，深深感到死亡的恐怖深入每一個細胞裡頭。從知識上來說每個人都瞭解自己終將會死，但當有人宣佈「你將要死亡」時，就不再是無關緊要的事了，死亡變成一項實際存在的嚴重問題。經過一段悲傷、憂心的日子之後，最後他領悟了：「一直思考著，做為一個人應如何活得有意義。而在每天過得有意義的同時，也應做好面臨死亡的心理準備。現在我從將生命過得有意義的立場，開始認為相對於生的死不過是一場告別，我要不斷努力把平生所累積的心理準備，演出最後一場完美的告別。」他這番話正透露出，活得有意義才能死得有意義。

不要逃避死亡的事實，就把死亡當作自己的一部份，深切體會只要每天都能過得充實，即能克服死亡。其實有很多人的想法和岸本先生一樣，不需要我再特別介紹，相信大家都清楚那些例子。接下來，我要舉一個書本上所說的真實例子。

這個例子和死亡問題沒有關係，是一篇國中二年級女生所寫的作文。小女生因意外事故而兩眼失明，現在是盲人學校的學生。在眼睛剛看不見時，她非常沮喪、絕望；經過一段時間冷靜下來後，在盲人學校的學習過程中，她才明白，雖然失去光明，但世界上還有更重要、更偉大的東西存在，那就是內心的關懷，作文的開頭如此寫著。之所以有上述的體悟，是因那三個月裡，有一位女士常牽著她的手陪她走過紅綠燈，一直陪她到學校附近。雖然只能聽見她的聲音，而看不見她的臉；但透過溫暖的手，小女生感受到那位女士的真心關愛。不過，小女生在作文裡，同時提出幾個疑問：「受到別人的恩惠多，但很少付出的人，真能理解別人的關懷嗎？雖然我前面寫到能了解所謂的關愛；但另一方面，或許我根本不曾真正了解過吧！因為以前我幾乎未曾對別人付出我真心的關懷。」「我想我必須從關愛他人的喜悅中，才能了解接受他人恩惠的那份感恩的真正意義。我將來要當一個傳達愛的訊息的英文老師。」從這幾句話看出小女生認真學習的態度，雖然她曾因失明而絕望過，但卻幫助她成功地更換角度思考事物。以佛教的觀點來說，因為眼睛看不見的嚴酷打擊才促使她能重新觀照一切事物。從明白事物開始，多關愛他人且認真過日子，如此就能克服人生的辛酸。

從一個例子之中，就會有很多值得我們思考的地方。我是以佛教的觀點、立場來理解、說明。上述的幾個例子，如因肺病而死的友人、岸本先生及小女生的例子，他們克服人生痛苦的方法在一般人眼中，可能會認為極難做到，或認為他們活得很辛苦，但的確也很偉大。雖說各自的境遇不同，但他們解決的方法都是一樣的，即不會逃避眼前的事實，而採取直接面對的方式，經由每天認真的生活，就能超越苦惱與不安，這種積極的「解決」方式是所有例子的共通點。

五、從非日常性的死思考日常性的死

所謂積極的「解決」方式並非一般人可以輕易做到的，特別是對於面對死亡威脅而痛苦不堪的患者，更不可能做得到。若很容易就能做到，就不用再舉行醫學與宗教的讀書會了。有很多人怎麼都不願意死，想盡辦法要別人救他，但最後終要陷入絕望的窘境。以下我要說明為何要從非日常性的死轉換到日常性的死的觀念。

各位也許覺得奇怪，我為什麼會定這個標題。在日本社會裡，死亡的確並不被日常化看待。也許各位又會認為：死亡本來就是非日常性的，要把它日常化，不是很矛盾嗎？其實我想說的是：死原本是件重要的課題，但是一般人都沒有感受到它的重要。例如，現代人大多都是死在醫院，我的父親也是在醫院裡過世。其實身為兒子不該說出這種話，但他的死法的確顯得難堪。他的身體一直插著管子，等我接到病危通知趕到的時候，看到年輕的醫師在病床旁拼命地做人工呼吸。十五分鐘後，主治醫師才對我宣告父親已死。其實我覺得大約一小時之前，父親就已經死了。我現在仍清楚記得醫師在做人工呼吸時，父親下顎嘎噔嘎噔搖動的模樣，當時我的心情極為難受。雖然醫師很努力地想救活，但父親那種死法顯得太機械物理化了。

以前的人大都在自己家裡接受死亡。雖是小時候的事情，但我仍清楚記得祖母去世的情形。那時住的是大房子，所有親戚都聚集到祖母的房間。當很多人聚在一塊時，按理說氣氛會因而顯得熱絡、明朗；但那一天的氣氛是陰鬱、凝重的。屋外陽光普照，但一踏入屋裡，馬上覺得整個房子很陰暗。雖說有很多人，卻鴉雀無聲，感覺上，每個人都躡手躡腳，悄悄走動。進到房間，看到祖母躺在舖墊上，而伯母則將水倒進茶碗裡，再以木製衛生筷挾棉花，沾水塗抹祖母的嘴唇。其他親人則坐在榻榻米上，以兩手扶地的姿勢看著祖母。當醫師宣佈「病人已死」時，女人是哇地一聲，哭倒在地；男人則張大眼睛片刻，隨即互相交換眼神，示意一起出去，開始準備葬禮。那種恐懼、不安的氣氛令人不由得打起哆嗦。這種氣氛不同於醫院裡，那種一片蒼白的冷酷氣息。

對於現代小孩來說，他們沒有體驗過當一個人失去生命是多麼恐怖、嚴重的事，在某種意義下，可以說他們是不幸的。因為不曾體驗過死亡恐怖的人，不會懂得生命的尊嚴。談到這裡，我並非建議在醫療設備完善的現代，大家不要死在醫院而應死在家裡，而是提醒各位，在日本的社會裡，能體驗死亡所帶來的影響的機會已經很少了。

還有一點值得注意的是社會愈繁榮富裕，人的心靈卻只愈加注重感覺性或肉體性的快樂，這個層面的問題不容忽視。精神分析專家常說，愈富裕的社會反而愈會產生神經衰弱的人。像新宿等大都會裡，餐館林立，客人吃剩的食物，服務生就丟置在店外，據說吃下這些食物的流浪漢，竟也有人因營養過剩而罹患糖尿病。這個例子說明了日本真是個富裕的國家。但在富裕的環境裡，人往往只曉得追求感官的快樂，導致缺乏接受考驗的韌性。當然情況會因人而異，但不容否認現代的小孩都很缺乏韌性。在我們還小的時候，小孩子起爭執是稀鬆平常的事。不過透過吵架，反而使友情更為穩固；當然也有失敗的一方，咬緊嘴唇，氣得牙癢癢的，但終也有釋懷的一天。現代的教育則往往是老師及雙親在小孩稍微出現爭執場面時，就急忙出來處理。類似這種逃避麻煩的心態，間接導致人們怯於面對和正視自己或他人死亡的問題。

還有一點，托醫學進步之福，使得小孩及中年人較不易死亡。要是他們是在這個年齡死亡，便容易留給世人無限的感嘆，所幸和以前不同，現今死亡的人大半是年紀大的老人。社會一般的觀念認為，老年人的死亡比較不會讓人難過，因為老人本身已有覺悟，而周圍的人也會認為超過八十歲的死亡，算是件值得高興的事。在上述幾種因素下，死亡一直未被日常化處理。在我小時候，常親身目睹人死亡的情形。雖然對應死亡的方式有很多種，但很少人謹慎思考死亡的意義，一旦面臨自己的死亡問題，就容易顯得慌張失措，不是嗎？

六、生之中包含死的生活方式

基於前述觀點，我寧遭各位誤解也要大膽地說：現在的臨終病人安養院(hospice)也只不過是像速效的藥劑一樣。安養院的主旨在針對面臨死亡而苦惱不已的病人，進行醫療服務，同時加強他們的心理建設。換句話說，安養院具有「你已經很認真地走過人生，之前你的人生也一直是充實、有意義的」這種安慰病人的功能。這種以死為前提所做的安慰，其意義和前述所強調的死心斷念一樣，都在引導病患加強心理建設。另外，安養院在告訴病患他們的人生是充實的同時，也致力減少和消除病患對於死亡的恐懼。為了避免各位的誤會，我必須聲明，我並非否定安養院的功能。當我們看到痛苦難受的人時，都會伸出援手，盡力安慰他，減輕他的痛苦，安養院的確具有這樣的角色和功能。但不加強平常的心理建設，只是在死前幫他面對死亡，這只能說僅具備速效藥的暫時作用。

人在面臨死亡時，常會祈求神佛的解救，不可否認這種簡單易行的方法的確具有安慰作用。人處在困厄之中，就像溺水時一根稻稈也要抓住一樣，若是有超越人類的神佛會來解救，就會認為有保障了吧。基督教徒比較能接受這種觀念，因為日常生活中，他們便已有上帝的恩賜和救贖的觀點，所以神會解救的這種說法，對於信徒而言，是一劑有效的良方。不過對於日本一般的佛教徒而言，他們可能無法立刻明白佛菩薩解救的意義吧。若是信仰地藏菩薩、觀世音菩薩以及淨土宗的信徒就能瞭解阿彌陀佛解救的意義。事實上，在日本社會裡，佛教常以佛陀的覺悟來勸世，但不常以佛菩薩救人生命的觀點來勸說。這點在今日佛教，應是值得探討的課題之一。即使談到佛菩薩會救人性命的說法，日本人聽來也會感到奇怪吧。

日本歷史上相信阿彌陀佛能解救的安慰說法是在中世。最有名的例子即要算十一世紀時最有威權的政治家藤原道長，《榮華物語》這本文學作品中便詳細敘述了他臨死的情形。藤原道長首先召集無數的僧侶，命令他們不斷誦經及念佛號，他則躺在安置著阿彌陀佛像的房間裡，緊握連接阿彌陀佛像手上五種顏色的線，腦中拼命想像西方極樂世界。這可能是信仰阿彌陀佛的信徒，為迎接死亡、克服死亡恐懼所想出的方法吧。撰述《往生要集》的源信亦曾引用中國佛典上相同的例子。這種安置佛像，再握緊連接佛像手上的五色線，即是古時候為獲得解救及克服死亡恐懼的方式。

最常見的幫助病患克服死亡恐懼的方式，就是陪伴在病患身旁，避免讓他感到寂寞與孤獨。以體貼關懷的態度安慰病患，多和病患聊天及仔細聆聽病患的心聲，對於幫助病患敞開心胸而言，這是極有效的方式。其他還有很多種安慰病人的方法，也有人以複合方式進行，大概以後會漸漸發展成為聯合關懷中心的形式吧，或者已在進行也說不定。

當然我無意反對聯合關懷中心的成立，但不免還是有個人的疑問：設置後，它能發揮多大的益處呢？前面提到安養院像速效的藥劑一樣，只有暫時的功效，在此我犯了很大的語病，或許會遭到大家的反對。不過，仍有必要充分說明我的看法，也就是面臨死亡時才想到必須尋求對應的方法，事實上只有暫時性的意義。也許有人會說：是不是每個人都得有信仰，無論佛教或基督教都可以？其實這樣的說法也很牽強，雖說這是不錯的理想，然而，從社會的層面思考醫療與宗教時，就主張每個人必須有信仰，便顯得傳教意味太濃、太不近現實了。無論哪一個時代，真正能體悟信仰的實際意義的，一百人當中大概只有五到八人吧。但我們也不該像因肺病而死的我的朋友那樣，非等到面臨死亡，才開始思考死亡的問題，弄得筋疲力竭之後，才信仰基督教。我們應該平時就多加思考，提早體悟才對。

我們可以把身心一如的身心二字換掉，改成生死一如的觀點思考。生死一如即指：雖然生是生、死是死，兩者可明顯區別外，還能過著生之中常思考死的生活方式。例如一期一會、具積極意義的「死心斷念」等語詞都是從上述觀點發展而來，勸勉人們每天能過著充實、有意義的生活。舊時日本的社會，死亡是切身的問題，所以能培養出對應死亡的社會性心理準備。當然這和佛教的生死一如仍有所差別，但一直是日本歷史上克服死亡的一種「方向」。不過，那樣的風潮到了今日也已經式微，在現今社會裡，我們必須重新思考並開創出新的克服死亡的方式。

每個人應多方嘗試如何與死亡打交道及相對應的方法。事實上，目前已有這樣的傾向。例如草柳大藏的著作《你的死亡意義為何》及日野原重明的著作《從死到生》，都深入談到死亡的意義，我們應該在日常生活中，從多方面思考死亡，仔細探討生死的問題，才能過著充實、有意義的生活。這也就是我之前一直強調的，具有積極意義的「死心斷念」及「解決」的方式。從這裡，我們可以看出宗教世界裡，有很多層面可以指引人生，解決問題。

有位佛教學者曾說：「人只有好好活過，才能坦然接受死亡。」我十分贊同他的話。活得有意義才能安心面對死亡。人要想死得其所，就有必要不斷努力充實每一天的生活。視死為日常課題，並自覺到人終將會死，這些不是單純的方法論問題；必須視死為身心的問題，並與日常的生活方式結合，從各個層面思考它的意義。

雖說人們已注意到醫學與宗教的問題，但因為兩門學問長期被分開討論的緣故，形成現今必須匆促把醫學與宗教合併討論的窘境，不過仍須大家多多費心思考。

我論文的第二部份，曾使用不可分・不可同這兩個詞，今後的醫療與宗教也將具有不可分・不可同的微妙關係。最後再次強調：我們必須經常意識到死亡，視其為身心問題去思考，以過有意義的生活。

（駒澤大學教授）

從真言密教看「いのち」

松長有慶

一、世紀末與末法

首先從論文的題目〈從真言密教看「いのち」〉開始談起。我之所以特別用平假名標示「いのち」（譯註：羅馬字拼音為inochi，中文譯為生命），其實有我個人的考量。漢字的「生命」，總讓人感到只具有物理性的意義，就像生命保險對象的命一樣。密教裡的「いのち」則比生物性或物理性上命的意義廣泛得多，為了區別起見，所以特別以平假名書寫。

近年來，人們常說：科學文明的進步已到達頂峰。尤其是戰後十幾年，因科技的進步，我們身受很大的恩惠與方便。產品種類繁多、工作時間縮短、平均壽命延長、可以治好以前無法醫治的疾病等等，有數也數不完的好處。

但另一方面，它也帶來很多壞處，這些壞處目前已演變成重大問題。

例如：層出不窮的公害問題、資源枯竭的問題、生態被破壞的問題，以及南北半球貧富差距擴大的問題等等。還有在舒適環境助長下的人口增加問題、蔑視精神生活的問題等等，這些現實的重大問題帶給人類強烈的不安，一直壓得我們喘不過氣來。

因此，人們常以「世紀末」來形容將要結束的二十世紀。所謂世紀末並非預言二十世紀是人類最後的一個世紀，而是形容人類將帶著強烈不安的心情進入下一個不可知的黑暗時代。

不過這種對未來懷抱強烈不安的現象並非現代才有。例如早在日本平安時代（譯註：大約八——十二世紀末）的中期到晚期，即到處流行「末法時代」的傳言。末法這兩個字已經成為現代日語常用的詞彙。原本它是佛教的用語，是以佛法能否傳達無誤為基準所定的第三階段的稱呼。第一階段正法時期是指釋迦牟尼佛宣揚教義的時代，即正確的佛法能在世間流傳無誤的時代；第二階段像法時期則是指精神內容喪失，徒具形式的時代；緊接的末法時期是指形式、內容皆失，人世像是走到盡頭的時代。

前二個時代，時間各為五百年及一千年，從釋迦牟尼佛的時代開始，到平安時代的中期即進入末法時期，這時候的人都懷著強烈的不安，之後並導致淨土信仰的盛行。末法時期的不安就和「世紀末」的不安類似。

數年前，經濟學者加爾布雷斯（Calbraith, John Kenneth 一九〇八—）的「不確定的時代」用語曾流行過。他所說的「不確定」，我想可以解釋為「失去目標」的意思。到目前為止，日本一直模倣歐洲及美國的文明，也的確創造了美好的遠景。但是，那樣的時代終將結束，今後我們必須走進自己選擇未來的時代。「不確定的時代」就和末法思想一樣，隨著世紀末的到來，人們已接受了這個意指失去具體目標的詞彙。

二、科技的進步與新的問題

在蒙受科技恩惠的時代裡，人類同時也對它所帶來的層出不窮的損失感到不安，而且人類必須深思的問題可說已堆積如山。解決這些問題的方法，大致可分成兩種常見的態度。第一種是積極、持續發展新型科技的態度。例如就醫療問題而言，會設法藉由生命科學的不斷進展及遺傳因子的操作，增加產量及減輕疾病等，以度過目前的危機。

另外一種是深入檢討科技所帶來之損失的態度。例如世人開始關注向來被漠視的東洋思想，也興起研究由東洋思想所產生的神秘及超自然思想的風氣。

最近，書店裡出現大量有關神秘思想及介紹超自然的書籍，好像都很暢銷。針對這種情形，有人認為是一種世紀末的現象；也有人認為是回歸日本固有文化的現象。無論如何，這都和現代人不安的心理有密切的關係。

就以上述提到的生命科學的立場而言，自從ＤＮＡ發現以來，生命被認為只是物質現象的一部份，因此產生了生命不能再以神秘觀點思考的思想。這對人們是一項衝擊。原本被認為是神秘的生命，即「いのち」一直是宗教、藝術、哲學、文學等思考的範圍，甚至是神聖而不可侵犯的領域，但現在卻變成科學的主要研究對象。

由此便引發了許多問題，例如生命是否純粹屬於科學領域的問題。有關這些問題的研究，統稱為「生命倫理學」(bioethics)。

中世之前是神的權威凌駕一切的時代；到了近世，開始出現將重心從神移轉到人的傾向，以人本主義的觀點處理世間一切事情，這個傾向愈到現代愈明顯。不過到了最近，人本中心主義帶來的弊害層出不窮，又加上近代科技文明已發展到達顛峰，使得人類再度回頭評價超越人類理性思考的神秘思想，並引發重新認識整體性思考的動機。

在此，我想以圖解的簡單方式解說生命意義的演變。當然圖解式的說明容易讓人理解，但另一方面也有闡釋不夠充分之虞，這點還請各位諒解。

三、近代文明的特徵

近代文明的特徵可大致分為三點。

首先是以分析式的觀點探討事物的思考方法。這種分析式的思考常把事物詳細區分後再分別觀察，像電腦以１、０等記號來分析處理事物一樣。

第二是統一化的價值觀。我們不妨以「進步」這個概念來作說明，「進步」這個價值觀是界定落後或進步的唯一基準，追求的目標只有一個，那就是追上前人，超越領先，總之要不斷地追求進步。例如日本到目前為止，仍以歐美的價值觀為唯一的標準，不斷想迎頭趕上。依據這樣的價值觀，便有日本仍居落後、或視東南亞國家為更落後地區等觀念的產生。

例如有些人到亞洲貧窮的國家，或像到喜馬拉雅山裡的村落，就會有「這個國家起碼落後日本五十年。」「即使百年後，大概也趕不上日本吧。」等等的想法。他們都是以進步為唯一的價值觀，來區分先進或落後國家。總之，近代文明是以一把尺度來衡量事物的。

近代文明的最後一項特徵是人們被要求須以客觀的角度評價事物，必須將自己分離開來觀察事物，不准有任何的主觀滲入。因為要是有一點主觀摻雜其中，就喪失作為論據的價值。

大致說明近代文明的特徵之後，我們可以開始思考以下的事。

和科學思想形成極端對比的，應該是東洋思想吧！而東洋思想發展的極致，就是密教。也就是說，研究東洋思想到達某種極致時，就會十分接近密教的思想。

但不能說密教等於東洋思想，只能說兩者的思考方式有很多明顯的重疊。

現在有很多學者強調「只大略區分東洋與西洋是不妥的」，而主張詳細劃分地域，以把握各種文化的特質。的確，當我們提到東洋，裡面包含了印度、中國、日本等地區，它們各有其固有的文化，如果我們統稱之為東洋，顯然是不合理的。但我所以仍大膽地使用東洋思想這個統括式的詞彙，是認為論述文化傾向時，仍有此必要。

那麼，東洋思想或密教的思考方式與近代文明的特徵對照後，有哪些不同呢？

首先與分析性的思考相對的，即是全體性、涵蓋性的思考。近代文明藉由詳細分類、分析事物而產生豐碩的科學成果。相對的，東洋思想始終具有統括全體、把握事物性質的基本原則。

日本以前為了迎頭趕上歐美等先進國家，一直抱持一種觀念，即視東洋思想為價值低劣的產物，故而早就捨棄全體性、涵蓋性的思考方式。

其次，與一元性價值觀相對的是多元性的價值觀。近代科學思想以一把尺度衡量事物，東洋思想則以無數的角度觀照事物。如基於多元價值觀的立場，則不會有先進與落後之分。最先進的事物，也許換另一個角度來看，反而是落後的。

現代被稱為多元化的時代，可以說價值觀已多樣化了，人們也能以多樣化的角度觀察事物。這些正與自古以來流傳的東洋思想之基本原則不謀而合。

最後一點不同是與客觀評價相對的，即是主觀的評價，它具有實踐性、主體性的性質。近代文明是採取抽離事物與人類關係的立場，而以冷靜的態度觀察對象化的事物。而東洋思想則採取融入事物的態度，將自己化為事物的一部份，進而觀察自己與事物的微妙關係。如最近非常流行的現場表演便與此有關。

例如有印度的舞者到日本來表演。由於日本只有音樂廳之類的表演場所，所以觀眾只能坐在觀眾席上遠遠地欣賞。但是在印度等東南亞國家，舞者表演時，並非像日本有舞臺與觀眾席的區別，他們的現場表演，就像日本陰曆七月十五日盂蘭盆會的群眾舞蹈表演一樣，表演者和觀眾都融為一體，沒有觀者與被觀者的區別。因為自己就是表演中的一份子，即使想冷靜地欣賞，但在表演進行不久之後，就會狂熱地參與其中。現場表演的流行具有這種希求的傾向。

以上幾點是東洋思想及密教思考方式最大的特徵。無論是價值觀的多樣化或現場表演的流行等等，可說都是社會趨勢應有的現象，即從原本以人為中心主義的西洋文明主流轉而成為具有東洋思考方式的傾向。這種傾向促使神秘思想及占星學等的流行，也正連結到社會生態學的問題而引人注目。

四、科學與心的問題

世界上，還有很多事物超越人類的理解範圍。事實上，隨著科學技術的進步，也的確縮小了人類未知的領域。像以前的人便曾幻想以為只要科學不斷進步，就能解開所有事物的謎底，世上將不會有人類不瞭解的地方。但到了現代社會，人類開始逐漸認清，有些事物單靠科學是無法解釋明白的。

首先，我們必須區分哪些是科學可以解明、哪些是無法解明的事物。未知的事物若是屬於科學的領域，只要隨著科學的進步，自然有解明的一天。

但是，超越我們理解範圍之外，例如像永遠的事物及無限的事物等就不是科學所能闡明的，這些無法解釋清楚的領域還縈繞在我們的腦海中。不過，上述畢竟只是我個人的看法。事實上，仍有一些科學家主張科學是萬能的，沒有科學無法解明的事物。

以前的人一直謹守宗教與道德的領域，以一種敬畏與謹慎的態度面對永遠及無限的事物，也就是以尊敬的心態面對人類不瞭解的奧秘。不過，還是有人抱持科學終能解明的看法。人類的力量也許真能解明、處理所有事物。不過，即使採取這種立場，依我個人的看法，我仍然認為人類應當以敬畏、謹慎的態度面對未知的、永遠的事物，以這種態度生活才是最重要的。

現代被稱為宇宙時代，人類向宇宙發射無數的火箭、太空船等探測物，不斷解開前人所未知的宇宙謎題。例如電視放映的火星探測情形，以及描述外太空的電影等等，宇宙離我們似乎越來越近。

雖然科技進步到這種程度，但世間依然有無法解決的問題，例如我們無法讓不想上學的小孩快樂的上學。也許進步的科技可以發明讓小孩上學的機械，只要安裝到這些小孩身上，就能令他們自動上學。但是，這只是將身體移動到學校的物理性解決方式，並非讓小孩真正喜歡上學的好辦法。

我想以這個例子說明，心和技術並非在同一範圍內可以解決的問題。每個人各有一顆心，秉著這顆心來從事各式各樣的活動。若只是將機械安裝在不想上學的小孩身上，強迫他們上學，其實一點意義也沒有。仔細看看現在社會的情形，不難發現大人處理小孩上學的問題似乎都太過於機械性及技術化。與其以機械性的方式令討厭上學的小孩上學，不如研究如何從精神層面解決小孩不愛上學的問題，這才是刻不容緩的正途。

現代社會可說過份信賴科學，連原本不屬於科學領域的事也統統依賴科學，交給科學處理。雖說這種傾向已不再繼續蔓延，但以宗教的立場來看，我始終認為心的問題還是要由宗教解決。

基本上來說，現代科學的目的是在不斷提高和滿足人類的各種欲望。人類有很多欲望，例如：想吃更多好吃的東西、想住更舒適的房子、想穿漂亮的衣服、想把繁瑣的家事都交給機器做等等。科學的進步即是為了滿足人類的基本欲望，並且不斷提高滿足人類欲望的程度。這十幾年來，人類所抱持的態度不外是以為如實承認及容許欲望的繼續擴大是對的。

五、無窮盡的欲望——「魔術師的徒弟」

像這樣追求、滿足不斷膨脹的欲望，將會帶來什麼後果？近年來，這些後果已一一呈現，人類終於明白金色的寶物並非取之不盡、用之不竭。

我們的確相信，只要人類努力不懈，就能得到他想要的東西。所以現在我們能過著想要的東西皆能到手的幸福生活。但是在基本欲望已滿足的情況下，若再繼續追求的話，就並非理智吧。

舉食物的例子來說，只要付錢就能吃到很多美味的食物，不管吃了多少，美味的食物仍會不斷出現在眼前。然而，飽餐之後，即使還有錢可以再買來吃，身體也會吃不消。因此，才會有成人病的流行。類似這類過分滿足欲望的情形是可以節制的。

對照地球全體的情形，也可以發現相同的問題。例如：是不是只要有錢，就可以隨意砍伐世界上所有的樹木，再運到日本做成紙漿等等，目前世界正存在著這些問題。

我在思考這些事情時，剛好想起德卡斯譜曲的「魔術師的徒弟」。這是他為歌德的敘事詩翻成法語之後所作的曲子。敘事詩的內容如下：

> 某位魔術師有位徒弟。有一天魔術師有事要外出時，吩咐徒弟必須在他回來之前把瓶子裡的水裝滿。交代完後魔術師就出門了。
>
> 這位徒弟起先只是將水一點一點地倒進瓶子裡，但沒多久就嫌這樣太慢了，於是用魔術師教他的魔法，叫寶器幫他提水。但一個寶器仍然不夠快，他看了非常焦急、生氣，就把寶器打破分成兩個。

於是，原本是一個寶器提水，現在變成兩個寶器提水。之後，他又打破這兩個寶器，便有更多新的寶器幫他提水。

由於他將寶器不斷地打破，所以不斷增加的寶器終於幫他將瓶子裡的水裝滿了。但是，此時這個徒弟卻十分狼狽，因為魔術師還沒有教他如何制止寶器的方法，寶器仍然不斷地提水，使得屋子開始淹水了。

這就是樂曲裡描述的可笑故事。

現代社會裡的人也正和故事裡的徒弟一樣做著可笑的事，只會讓欲望不斷地擴大，但卻不懂得節制。

故事後來敘述，就在千鈞一髮之際，魔術師終於趕回來制止了洪水的發生，以喜劇結局收場。但在人類的真實世界裡，能如此輕易解決嗎？可以幫我們制止欲望膨脹的魔術師在哪裡呢？

現在的我們就像故事裡的徒弟一樣，只為了一點快活、享樂的心情，而命令寶器不斷地提水。還叫寶器從一變二，從二變四，再從四變八。表面上看來，我們很輕鬆，但結果終將變成無法收拾的場面。

不論這個比喻恰當與否，我始終覺得現代人的心態就跟故事裡魔術師的徒弟一樣。

六、控制欲望

自古以來，宗教就一直不斷解決現實中人類的各種心靈問題。而控制欲望也一直是宗教及倫理道德上非常重要的課題。

在漫長的歷史當中，人類理應認清只增加欲望是無法控制欲望的。

佛祖釋迦牟尼就曾說過：「以欲鎮欲是徒勞無功的。欲望不斷地增人，無法真正得到幸福，對個人而言，毋寧會受到非常大的痛苦襲擊和折磨。所以，希望人要懂得抑制欲望。」宗教文化的基本原則即在於，不論是以直接或間接方式，總之必須找出各種方法來抑制欲望。

可惜，隨著二十世紀科技的突飛猛進，今天竟然形成一種異質文化，認為欲望愈大、消費愈大才是美德，並且產生欲望愈大就愈能得到更多東西的想法。只有懂得反省的人心中才會這麼想：其實並非事事皆能如願順心，人類的欲望一旦無限擴大後就很難收拾。從天然資源的枯竭問題出現後，人們才開始對未來懷抱各種不安。雖說如此，人類卻仍然輕易地向眼前的欲望妥協，繼續隨著科學引導的方向前進。我認為這種情況非常危險。所以，我們有必要再一次體認如何控制人類欲望這項課題的重要。

然而一談到控制欲望，就會牽涉到如何平衡文明與宗教的問題。在此我必須先說明一件事，即密教並非完全否定欲望的存在。如此肯定地說，也許會招致各位的誤解，但我仍必須強調，密教並非全盤否定欲望，毋寧說，密教也有肯定欲望的一面。

如此一來，不免和我先前所說的「宗教文化的基本原則即在於抑制欲望的發生」互相矛盾。那麼，這個矛盾是如何產生的？應如何調整思考的方向？為了解決這些疑問，有必要詳細說明密教的思想。

七、「大欲清淨」的思想

雖說密教肯定欲望，但並不是說密教認同人的各種欲望，也不是在鼓勵欲望的產生。

密教經典裡有部《理趣經》，可說是日本真言宗的代表性經典。若到真言宗的寺院裡，經常可以聽到唱誦這部經典；舉行法事或葬禮時，更是一部必念的經典。

這部經中有句話說：「大欲為清淨，乃居菩薩位。」意思是指並非從表面控制、壓抑或平息欲望的產生，而是應有清淨的欲望，若能如此便可達到菩薩的境界。密教因為持有這樣的看法，長久以來一直受到誤解與非議。因為人們認為密教認同人類的欲望，不該稱為宗教。其實並非如此，有一點需要各位特別注意，密教所認同的「欲」並非一般人所稱的欲望，而是「大欲」。那麼，大欲究竟是指什麼呢？為了避免大家誤解下去，有必要在此詳加說明。

人的常識上說到「大」字時，會想到「小」字，即相對於大的是小，相對於小的是大，以這樣的概念來衡量事物。但密教的「大」字，並非相對於小的大的概念，同時也不是指相對於小的事物，更不是指由小變大的意思。密教裡的「大」字，應當解釋為「絕對」的意思。這點希望各位都能了解，總之密教的「大」並非相對性的大或小的大，而是絕對性的「大」。

在密教裡，「清淨」的真正意義又是什麼呢？一般人會以為到河邊舉行驅除不祥的祭祀，或早上起床把臉洗乾淨、或洗個清爽潔淨的澡等等就是清淨，這只能說是常識的意思，並不是清淨真正的意義。佛教以這兩個字來形容脫離自他對立的境界之意義。即使外表污穢不堪，只要擺脫自我與他人的對立，便是清淨。特別是在人世間，能先捨棄自認可愛的自己而先設想他人，這時更可以用清淨二字來形容。

所以「大欲」並非指追求一己快樂、追求個人利益的欲望，而是指能為他人設想、或先為眾生、萬物設想的欲望。因此，從密教所謂「絕對的欲望實為清淨，為之乃居菩薩位」這句話，可見密教並非完全否定人類的欲望，而是希望人應當大大發揮本身具備的生命力——

即不必費心刻意抑制或矯正欲望，只要將人類具備的生命力如實地發揮在大的意義上即可——這就是密教的觀點。

所謂「大的意義」是指跳脫自己的立場，培養正確的觀念。它仍肯定欲望的存在，能把人類本身具備的生命力量發揮到最大極限就是大欲；如愚蠢地想把明日的欲望燃燒得比今日旺盛，那絕對不可行。大欲並非是從自己的眼睛觀看世間，嚴格來說，可以認為這是以宇宙的視野觀照世間的恢宏欲望。

八、宇宙的視野

也許各位會認為「宇宙的視野」這幾個字太過誇大和刺眼，但很難再找出這麼貼切的字眼。宇宙的視野即是以他人為中心的思考方式和宇宙觀。

立花隆（譯註：日本非小說類的文學作家。一九四〇——）的著作《自宇宙歸來》是著名的暢銷書。內容是調查從外太空回來的太空飛行員的趣事。人類自誕生以來，一直是腳踏地球看世界；太空飛行員則具有飛行宇宙的特殊經驗。到目前為止，仍有多次太空任務失敗，所以只要太空人平安無事返回地球，往往會成為報紙、雜誌的焦點新聞。太空人從事人類前所未有的宇宙飛行，在人體上會產生什麼變化？是否帶回來某些疾病或細菌？——這些是NASA（美國太空總署）正在進行的研究。但以前一直沒有人報告他們在精神上的變化。作家立花隆能著眼在這方面真是了不起。雖說當時蘇聯有很多太空飛行員，但因為很難到那裡進行調查，所以他改到美國親自訪問具有宇宙飛行經驗的太空人，調查他們在精神層面的變化，而完成這部報導作品。很多太空人都是他調查的對象，報告上說其中有許多太空人的確在精神上有一些和以往不同的現象。更有意思的是某位太空人在飛行宇宙之前很討厭到教會，但回到地球之後，竟成為熱誠的傳道者。

這是一本寓意深遠的報導文學。研究飛行宇宙的人在精神上有何種變化是相當有趣的事。自古以來，人類只能站在地球眺望世界。當鼓勵人們要持有global的觀點時，我們可以體會到global所具有的地球性、全球性的意義。但很難發展出「地球以外的視野」這種觀點，因為這畢竟超越人的想像，是一種更廣闊的視野和空間。

所謂宇宙的視野，即是超越地球的視野，是一種更宏觀的觀點。這本報導文學的主旨在於探討實際飛行宇宙、自宇宙眺望地球的太空人他們在精神上有何變化，值得順便一提的是，報告中曾說到，這些太空人雖然都在萬全的準備之後才飛行宇宙，並且經常和地球總部保持聯絡，以服從指令順利完成任務，但一旦遭遇極大的麻煩而無法接收到總部的指令時，只有祈禱神的庇護。

太空人格格林說：「地球真藍。」「真藍」是當他感受到地球的美時脫口而出的用語。他說這句話不是單純地形容從宇宙空間眺望到因大氣圈的光而呈現物理性反射的美麗地球，而是基於一份感慨「這艘太空船裡只有我個人的生命，但在發著藍光的地球上，卻有無數和我一樣的生命。這樣一根無形的命運線正和我的生命緊繫著。」才會說出「地球真藍」的話吧。常識教我們如何認識周遭萬物，分辨出上面是天花板，下面是地板，靠著的是牆等。但在無重力的太空船裡，分不清上、下及輕、重的差別。對於地球上的人而言，極為常識、普遍的東西在宇宙裡都歸於無，在地球上長久生活的人一旦置身於這樣的環境下，精神狀態能不改變的，可說少之又少吧。

現代人實應捨棄以自我為中心看待世界的觀點，要像從宇宙歸來、重新看待生命的太空人一樣，有更寬廣的視野。

這就等同於密教所說的「大欲」。相對於地球上的人在日常生活裡所產生的「欲」而言，「大欲」是突破空間上的長、寬、高的無限、絕對欲望。為了真正理解這個意義，有必要從宇宙的視野重新思考。這不是科技文明可以理解的。

昭和五十九年（一九八四年）舉行弘法大師（譯註：日本高僧空海，曾入唐求取密教大法，為日本真言宗的創始者。七七四—八三五年）逝世一千一百五十周年紀念的法會。法會盛大而隆重，因為這個活動，全國人民也開始關心密教的種種。同一年在《文藝春秋》雜誌上刊登一篇題為〈空海是太空人〉的文章，內容是有關作家立花隆與司馬遼太郎（譯註：日本現代有名的小說家。一九二三—一九九六年）的對談紀錄。意思當然不是說空海真的曾經飛行於宇宙，而是形容他是具有宇宙視野的高僧。

到了近代，人類傾向於把自己關在小小的自我世界裡，追求自我的獨立，視自我為絕對的權威。於是，基於自我而不斷膨脹的欲望形成現代社會的問題。其實密教並非主張否定自我，而是認為人應當把小我擴大成為大宇宙的自我觀點。最近盛行研究印度的怛特羅教典（譯註：英語為tantra，為印度神教教典），也是基於相同的理由吧。

人類原本即具有全宇宙的我的概念，因置身於近代文明才忘記了這個大我的存在。這是住在都會裡的人所不得不面臨的處境。

九、宇宙與曼荼羅

我曾經為了學術調查，而到喜馬拉雅的深山裡住了兩個多月。那裡沒有報紙、沒有電視，甚至也沒有電，所以每當太陽下山後，就只好上床睡覺，可說是個完全和人間隔絕的世界。因為接收不到任何塵世的資訊，每天就呼吸清淨的空氣，眺望喜馬拉雅山脈的高山過日子。在這樣的生活裡，漸漸喚起一種與生俱來的本心，一種前所未有的感覺。雖說是我自身的體驗，但卻很難用語言表達。一、兩個月裡每天都有那種異樣的感覺。

最近正在流行深層心理學的探討。雖然現在我們活在科技文明的表層文化中，但映現各種精神活動的人類深層意識層面也正受到人們的關注與探討。不過，深層意識並非科學研究的對象，也無法利用電腦分析，所以現代文明幾乎完全放棄關於這類問題的探討。科學認為所謂的深層意識都是落後的東西，足以影響人類文明的近代化，所以應該棄而不顧。直到最近探討潛意識的研究風氣才又盛行起來，人們也開始流行閱讀《雨月物語》（譯註：十八世紀的日本怪異小說。由作家上田秋成取材自中國的怪異小說及融入日本的說話、謠曲而成）及小泉八雲（譯註：Lafcadio Hearn，出生於希臘的日本小說家，作品往往取材自日本的古典怪談。一八五〇—一九〇四年）的小說，以瞭解書中的超自然描述。為了全面了解人類，我們不能只從人的表面行為著手，還必須探索其實存的意義及心靈的奧秘。從深層意識可知，人的表面行為畢竟只是人性的一部份。

日本人自古以來即自然地延續著傳統和其思考事物的方式。然而，以西洋文明為典範而快速近代化的過程中，日本人的傳統思考方式已漸漸消失；或者說是在發展近代化的過程中，有意識地丟棄傳統的思考方式吧。

又例如日語的「自然」（音為 shizen）可當英語 nature 的翻譯語使用，但這和原本傳入的佛教用語「自然」（音 zinen）便有所差別。現代人所說的自然是「保護自然」及「回歸自然」之類的意義，是一種和自我分離、和自我不同的存在空間。因為自然衰弱了，所以我們要保護它。總之是人類抬高自己的立場，將自然予以對象化的思考方式。

不過佛教用語的「自然」並非把自然視為對象的意思，它實為形容包含自我在內成為一體的用語，有「如實地」、「自然而然地」的意義。以包含自我、存乎其中的思考方式思考自然，就能進一步瞭解宇宙及宇宙論這些用語的意義。

而「環境」和「宇宙」的意義也有所不同。環境可視之為和自己無關的對象化世界；而宇宙則指包含自己在其中的存在空間。用概念意義來說，對於環境人是以對象化的方式來思考，即以自我為中心來界定和四周事物的關係；對宇宙則大到人類所有的思考概念都包含在內。因此，環境給人一種冰冷的感覺；宇宙在包含所有生命共同體存乎其中的意義下，則是令人感到溫暖的字眼。

同樣地，最近也非常流行 cosmos 及 cosmology 等外來語。這兩個字可譯為宇宙及宇宙論，和佛教用語的「自然」有著相同的概念。前面已敘述過，原本包含自我存乎其中的佛教用語「自然」，因後來的發展等同於英語的 nature 之意，而喪失了它原本的意義，今天才會造成 cosmology 這些字彙取而代之地流行起來吧。

先前，我曾以一般人為對象寫過一本宗教書籍，主題為「密教」，副題為「宇宙與曼荼羅」（譯註：梵語 maṇḍala，方圓的壇場置有多神，輪圓具足之意）。因為現代人大多熱衷於宇宙論的探討，為了介紹大家認識密教，才想到以宇宙及曼荼羅等用語來說明，也許容易幫助大家瞭解密教。

cosmos 具有將自己整個投影其中的含意，因此人類理應具備宇宙的視野。佛教也有和此相同的宇宙視野觀念。東洋文明的特徵原本即在於沒有自、他觀點的對立，而是消弭自、他的區別，以同一立場思考事物。

十、生命的平等觀

最近常聽到人本主義已發展到極限的說法。說起人本主義，大家會想到它是像民主主義一樣了不起的思想。但最近人們卻又高唱著人本主義已走到盡頭的論調。其實，這可說是對

「以人為中心看待事物」的這種主義所做的一種批判吧。關於這點，它並非是昨天或今天才有的反省，較早的史懷哲等人就已經有這番醒悟了。日本野鳥研究專家中西悟堂先生也指出人類不該以自我觀點來看待世界。他們的主張共通的地方就在於體認所有的生物皆具有相同的存在價值。

佛教常說到「一切眾生」，所謂眾生不光是指人類而已，而是所有存在於世間的東西皆有生命的意思。這是非常有趣的想法，說明草、樹、石頭皆有生命。東洋思想的宇宙論可說全包含在「一切眾生」這句話裡。因為眾生和人的生命都有相同的價值，所以對牛、馬、豬就不會有差別待遇。從這項觀點，而逐漸發展成為一種輪迴思想。

我們若到尼泊爾，會發現很多磚造的二層樓住家，通常一樓是牛舍，二樓則為屋主住的地方，所以一旦有外來旅客求宿時，就只能借住在牛舍裡。這時人和牛之間會產生微妙的一體感。在弘法大師的著作裡，也常流露出宇宙萬物皆有相同生命的思想。佛教常說草、木、鳥、獸、魚所有宇宙萬物皆有生命，同時強調都具有佛性。這是佛教徹底的平等觀思想。

上述佛教的思想也是日本人過去的宗教觀及世界觀。秉持這種思想，便不會刻意抬高人類自我的價值。確立自我存在的觀念常使人以為自己很偉大，而且以為自己的理念全都正確無誤；但佛教思想則和此相反，佛教強調人類自我的存在是包含於全體宇宙萬物的生命裡。

不過，這個思想並非等同於生命科學所主張的「生命是物質現象的一部份」之說法，而是恰恰相反。這種主張生命並非物質現象的一部份，強調萬物皆有生命的思想是很了不起的。不論生物、非生物，總之宇宙萬物皆有生命、皆有靈魂。咒靈信仰即是同樣主張山川草木、森羅萬象皆有靈魂存在。不過這種信仰一直被認為是落後、迷信的。咒靈信仰屬於一元化的價值觀，若就西洋的思考方式而言，人類是從咒靈信仰開始，然後發展為多神教，再從多神教演變成一神教——這是人類信仰的演變過程。咒靈信仰即屬於宗教未開化的階段。

不過，主張宇宙萬物皆有生命的思想終於逐漸受到人們的重視。

日語的「もの」（音 mono）可以有多種不同的用法。以「物」的漢字表示時，意指各種物質；若寫成「者」字則包含人類在內，指所有有生命的生物。不用漢字書寫，放在形容詞之上當接頭語時，則有加強語氣的作用。例如「もの悲しい」意思是非常悲哀。日語「もの」因用法很多而令人感到模糊不清。不過，可以寫成「物」也可以寫成「者」的這個日語不正表示物質皆有心靈、皆有生命的思想嗎？這也是植基於日本文化及東洋思想才會發展出來的字彙意義。

前幾天，某家電視臺播放「使喜馬拉雅山的水復活」的節目。內容是敘述居住在高而狹小山區的尼泊爾人平白浪費喜馬拉雅山雪水的情形，工作人員就以應徹底活用喜馬拉雅山的水為題進行拍攝。「使喜馬拉雅山的水復活」這個節目名稱非常有趣。通常我們都把水視為「物」，現在竟出現使水復活的字眼。可見人們已意識到水是有生命的東西，所以也能贊同「使水恢復生命力」的說法。

日語裡有句「勿体ない」的話，指濫用、可惜的意思。日常生活裡，我們常會聽到人們感嘆地說：「那樣做的話，真是太可惜了。」不過，現代卻是東西用完就扔的時代，環顧四周，到處都可看到濫用的物品；更有許多物品是人們以反正會扔的心態所製造生產的。總之，能夠視為可惜而加以珍惜的情懷正日趨淡薄。

有人曾指出「勿体ない」這句話也等於「物体ない」（非為物體）的意思，理由是：「所有物體皆有其生命，有其存在的意義。人類隨意蹧蹋的話，物體就會喪失本來的生命，對人對物而言，真是可惜。」仔細想想，確實是如此。

所以日語的「もの」一詞並非單純指物質之意，還包含各種東西皆有生命的意義。無論是茶碗、時鐘或小毛巾等等這些東西都有生命。如果不按照它們應有的樣子使用，無視其價值甚至胡亂丟棄的話，將是一件極為可惜的事。

古代的東方國家如印度、中國都盛行萬物皆有生命的主流思想。不過自從西洋近代科學思想誕生後，亦即從笛卡兒及牛頓的時代開始，就明顯地產生將物質與精神清楚劃分的傾向，以及反對物質也有心識的思想。此後隨著近代科學的日趨發達，這種趨勢也一直沒有受到強烈的質疑。

不過活躍在十九世紀末到二十世紀初的生態學之父，即德國生態學者海克爾（Ernest Haeckel）出現後，開始對此提出批評。他從研究達爾文的進化論開始，最後確認所有的無機物中皆有生命的想法，而建立宇宙為一生命體的理論。近年來，他的思想也開始受到人們的重視。

我想再次強調，人類不應以自我為中心，即不該以自己的視野為基準看待生命；必須培養從宇宙萬物的立場來看待生命的視野。或許為了滿足我們的欲望，有必要依賴進步的科學技術，但如果為此而殺害其他生命，蹧蹋世界所有物品的話，就非人類所應為。人類必須擴大思考的層面，這並不是棘手難解的問題。我認為日本人自古以來，潛意識裡即有萬物皆有生命的想法，今後有必要再度喚起這固有的心靈，以仔細思考未來的方向。

十一、多元化的價值觀・曼荼羅的思想

最後談談真言密教裡有關多元化價值觀的思想。在多元化價值觀裡，並沒有必須與時俱

進否則便是落伍的想法，即沒有進步與退步、先進與落後這些概念的區分。如果只以一把尺來判斷，就會區分哪一個為先進、哪一個是落後；如果有無數價值判斷時，就沒有必要區分前、後了。

例如就現在的學校教育而言，常依照一項價值判斷，以為迅速且正確打○×題目的小孩為優秀生。這種判斷方式大有問題。有擅長打○×的小孩，當然也有不擅長的小孩；有堅強獨立的小孩，也有體貼善良的小孩；有健康膽大的小孩，也有體弱膽小的小孩。以這樣一元性的價值觀，即僅以一種價值判斷小孩，將難以看清楚小孩的生命全貌。應該以多元化的價值觀觀察才正確。自古以來，東洋思想的根柢即運用多樣價值判斷來觀察事物。

真言密教的曼荼羅思想正是多元化價值觀的典型。曼荼羅裡刻畫各式各樣的神佛，那麼多的佛究竟自何處而來？原先是刻畫印度民間信仰的神，再加上印度教及婆羅門教全部的神。並未區別哪一位神較偉大，或哪一位佛較優秀，即並不以一項價值觀判斷，因此，所有在曼荼羅中的神佛都居於平等的地位。因為裡面的每一位神佛都並非完美無缺。唯一完美無缺的是居於正中央的大日如來佛。其餘的神佛是因為具有某些特徵與優點才列於曼荼羅中。有的神是大慈大悲的象徵；有的神是勇猛威武的象徵；有象徵智慧的神；也有象徵熱心、勤勞的神。這些是依多元化價值觀所做的區分。

特徵是慈祥、親切的神，缺點是愚鈍、行動遲緩。但若取其慈祥親切的長處，做為神佛的標準，就能列為神佛的一員。頭腦靈敏、充滿智慧的神也許冷淡無情。但不看缺點，只取其優點，亦可成為神佛。除了大日如來，每位曼荼羅的神佛皆有缺憾，但每位神佛都有大日如來的部份優點，這就是多元化價值觀的典型。

真言密教主張即使有百分之九十九的缺點，也會有百分之一的優點，仍然具有大日如來的一部分優點。這是一種包容的觀點。佛教不會因為印度教是外道而排斥，反而以包容的態度接納印度教神的思想。曼荼羅中唯一達到完美境界的是大日如來，但因其太完美，反而不受歡迎。真言宗信仰的本尊雖是大日如來，但在真言宗的寺院裡，卻極少供奉大日如來。很多寺院是供奉觀音菩薩、地藏王菩薩或不動明王。由此可知，完美的神佛很難讓人親近。反而是地藏王菩薩、不動明王及藥師如來這些神佛具有令人喜歡近的特質。

人的社會也一樣，並非由百分之百完美的人組成，而是由各具個性與特殊性的人群集而成。這是相當有趣的現象。曼荼羅的思想主張包容所有不同價值的觀點，由於各個價值的存在才能組成一個全體的世界，反對均一化的價值判斷，例如全部「向右看齊」、「這裡不行，那裡才好」等等主張。要大家往某個方向前進的一元性觀點，正和曼荼羅思想背道而馳。

總之，我們不能以單方面的角度看待具有生命的萬物；必須以多方面的角度觀照、思考。

再舉具體的例子說明，如遺傳因子的操作問題，若以一元化的價值觀處理，將會非常危險。遺傳因子的操作不該傾向於決定生命的好、壞，即為了培育優秀的生命，而剔除所謂不好的因子，這種想法非常危險。這種一元化的價值觀將帶給人類危機。社會應該具有包容劣質遺傳因子生命也能夠生長的柔軟性。基於自我的觀點，任由欲望無限的擴大，且追求一元性的價值觀，所謂畫「〇」認同的文化，其實是文明社會的一大悲哀。

最後的結論，我想再次強調：人類培養欲望是一件重要的事，但更重要的是，應該在教育及社會環境中，培育人們的欲望達到「大欲」的境界。第二點，人類應該徹底捨棄一元化的價值觀，並採取多元化的價值觀點。不該像今天以一元化的價值觀，只單純認同所謂對的事物，一味摒除所謂不好的事物，這是極為不智的。努力成為完美的人是一種理想，但真的成為事實，反而缺乏生活的樂趣與意義。其實人類應該包容自己的缺憾，努力發揮自己的長處，培養應有的信心才是重要的。

然而，人類終究有很多無法解決的問題。這些千纏百結的問題，無法經由人類以快刀斬亂麻的方式簡單處理。藉由這個研討會，希望真能喚起大家多加思考這些問題。

遺傳因子含有許多不同性質的元素，具有非其他物質所能取代的對應性，我們應該尊重每一個遺傳因子的特殊性。要是以一元化的價值觀區分其優劣，只留下優秀者、剔除愚劣者的處理方式是無法明白生命總體意義的，必須以全體性的思考方式探討廣泛的生命意義。

本篇論題簡單地敘述了東洋思想、佛教思想及其中極為玄妙的真言密教思想，介紹這些思想的基本生命觀，並且談到它們具有哪些特徵。關於在現代社會中應該如何活用這些思想和觀點，還必須由各位多加思考了。

（高野山大學前任校長）

作者簡歷（依照論文刊載順序）

川喜田愛郎

一九〇九年　生於日本東京

東京大學醫學院醫學系畢

現任：千葉大學名譽教授，野間醫學科學資料館常務理事

松原泰道

一九〇七年　生於日本東京

早稻田大學文學院畢

現任：佛教傳道協會理事，「南無會」會長

主要著作 《一期一會》、《學習禪心》

奈良康明

一九二九年 生於日本千葉縣
東京大學文學院印度哲學梵文學系畢
現任：駒澤大學教授
主要著作 《印度神克利什那傳》、《與釋尊的對話》

松長有慶

一九二九年 生於日本和歌山縣
東北大學大學院文學研究科 博士課程修畢
現任：高野山大學密教文化研究所所長
主要著作 《密教・宇宙與曼荼羅》、《密教的歷史》

生死學叢書書目

揮別癌症的夢魘

羽生富士夫／著
何月華／譯

癌症是現代人健康的頭號殺手，您對癌症認識多少？癌症等於絕症嗎？不幸罹患癌症的話，要如何面對死神的挑戰？具有「上帝之手」美譽的日本名醫，以他個人的切身經驗，懇切地告訴大家，以知識對抗癌症的重要，以及許多與癌症有關的預防、醫療等方面正確的觀念，是重視保健與生命品質的現代人必看的著作。

無生死之道

盛永宗興／著
郭敏俊／譯

面對人生的生老病死，您作何感想？對於世間一切的生生死死、死死生生，感到迷惑不解嗎？請聽日本著名禪師盛永宗興娓娓道來，以生活化、深入淺出的例子，帶領我們參透生與死的迷霧，體會「一期一會」、「遊戲三昧」的生命哲學，活在每一刻當下，生死將不再是人生痛苦的代名詞。

凝視死亡之心

岸本英夫／著
闞正宗／譯

本書是日本已故宗教學者岸本英夫與癌症搏鬥十年的心路歷程。當獲知罹癌，並被宣判只剩半年壽命後，他除了接受必要的手術治療外，也開始思索生命的本質，並陸續寫下手術前後，他在死亡威脅下的心理調適和哲理思考，他也因此將肉體生命從半年延長為十年。這其中艱苦的奮鬥歷程，句句珠璣，斑斑血淚，值得品味。

美國人與自殺

赫華德・庫虛諾／著
孟汶靜／譯

本書從心理、文化的角度探討美國人的自殺行為，並以十分具有啟發性的方式，陳述出過去三百年來西方社會對自殺行為的探索過程。作者成功地綜合了西方各學派分岐的自殺行為理論，而發展出一套嶄新且具有說服力的論點，在心理與歷史學界贏得極高的評價，對研究早期華人移民的自殺行為亦有助益。

宗教的死亡藝術

肯內斯・克拉瑪／著
方蕙玲／譯

本書以比較性、宗教性的方法，探討世界主要民族與宗教關於死亡、死亡的過程以及來生等等課題所採取的態度與做法。讀者將可發現，書中所列舉的每一項宗教傳統，都在指導它的實行者，不僅在死亡前，同時就在死亡的片刻裡，就能技巧地掌握死亡。死亡可說是一門牽涉到肉體死亡與再生經驗的宗教性藝術。

禪僧與癌共生

鈴木出版編輯部／編
徐明達
黃國清／譯

一位因罹患癌症而被宣告只剩三年生命的禪僧，如何活在癌症的病魔下，如何掌握人世間的生死，將餘生投注在什麼地方？本書即是與已故荒金天倫老和尚（日本臨濟宗方廣寺第九代管長）交往過的人，藉他們的證言撰集而成的報導文學，將老和尚以三年餘生充實為精神上三十年的生命風采，再度活現於紙上。

死亡的科學

品川嘉也／著
松田裕之
長安靜美／譯

人為何一定得經歷死亡？老年是否真的是人生的累贅？「腦死」就意味著「死亡」嗎？……這些疑問，在本書中都有詳盡的討論與解答。作者從生物學的角度出發，探討與生物壽命有關的種種議題，進而提出人類面對生死問題時應有的認識與態度，是一本將死亡學提昇到科學研究的難得之作。

死亡的真諦

小松正衛／著
王麗香／譯

當被問到：「如果人生可以重來一次，你希望擁有怎樣的人生？」多數的回答可能是出身好家庭，擁有高學歷，事業穩固，平安幸福過一生。但本書作者卻說：「世間非常艱苦，人生難行，但一路行來的人生，我還想再走一次。」是什麼樣的經歷與啟示，讓他如此達觀？請隨著作者一路前行，游入古聖先知的智慧大海……。

輪迴與轉生

石上玄一郎／著
吳村山／譯

「生死事大」，為了探究它，各種哲學與宗教已提出了許多答案，「輪迴轉生」便是其中之一。這種思想出人意料地貫通東西方，幾乎發生於同一時代。它的起源如何？呈現出那些面貌？果真能解決「生死」問題嗎？這些在本書中都有廣泛而深入的探討。

生與死的雙重變奏

齊格蒙·包曼／著
陳正國／譯

意識到必朽（死亡）與對不朽的追求，深深影響著人類的生命策略。人類社會建制與文化面向的型塑過程中，更存在著「解構」必朽與不朽的辯證和互動關係。而在「現代」和「後現代」社會，這種「解構」又出現了有別於「前現代」的許多變奏。且看包曼教授如何透過集體潛意識的心理分析，從不同角度詮釋「死亡社會學」。在必朽與不朽之間，您將重新認識現代人的社會與文化。

透視死亡

大衛·韓汀／著
孟汶靜／譯

本書所探討的論點，主要有下列幾點：一、在什麼樣的情況下，個體才算死亡？二、末期病人有沒有權利決定自己的生與死？三、器官捐贈能不能得到社會大眾的認同，進而成為一件普遍的事？作者以平鋪直敘的方法，為每一個論點作了總整理，提供讀者許多寶貴的資料與觀念，在臨終與死亡尊嚴等議題的探討上，能有進一步的認識。

看待死亡的心與佛教

田代俊孝／編
郭敏俊／譯

本書由八篇演講記錄構成，內容包括親人死亡的感受、個人的瀕死體驗、對死亡的心理準備、佛教的生死觀等，發表者有僧侶、主婦、文學家、醫師、佛教學者等不同人士，從各個角度探討死亡問題。正如主辦演講的日本「探討生死問題研究會」宗旨所示，如何在老、病、死的人生當中，正視死亡的事實，學習超越死亡的智慧，讓人生更加充實，是現代人的切身課題，值得大家一同來探討。

生命的終結

阿爾芬思・德根、早川一光、寺本松野、季羽倭文子／著
林雪婷／譯

在面對末期病患或臨終的人，甚至是自己生命的終結時，我們能做些什麼？該做些什麼？是本書所要探討的主題。四位作者分別從死亡準備教育、醫療與宗教、臨終看護等專業的角度，提供他們寶貴的經驗與意見，是關心此一議題的讀者最佳的參考。透過討論死亡，了解死亡，我們的生命必能更加美好。

從容自在老與死

日野原重明、早川一光、信樂峻麿、梯實圓／著
長安靜美／譯

隨著高齡化社會逐漸到來，種種老年心理與生活的調適、老年疾病的醫療、安寧照護等等問題，一一浮上檯面，這也是每個家庭和個人都要面對的問題。本書從接受老與死、佛教的老死觀、老年與疾病、末期照護等等角度，提出許多觀念與作法。藉由思考生命末期與老和死的種種課題，期望每一個人都能獲得一種從容自在的智慧與人生。

生與死的關照

村上陽一郎／著
何月華／譯

死永遠超越我們人類的「理解」，人類如果不能體認這個事實，醫療便會陷入「器官醫學」的窠臼之中。作者透過對現代醫療種種問題的根本探討，如醫療倫理、醫院內部感染、器官移植、安樂死、腦死、告知權、愛滋病等，重新思考生為何物？死為何物？什麼才是正確的醫療？觀念新穎，析理深刻，是您不可錯過的一部「現代醫療啟示錄」。

超自然經驗與靈魂不滅

卡爾・貝克／著
王靈康／譯

自古以來，人類對來生的想像便不曾中輟。「第六感生死戀」、「穿越陰陽界」等電影的風行，正反映現代人對轉世與投胎的濃厚興趣。但西方的唯物論和科學主義卻斥為迷信，到底孰是孰非？本書即在透過科學化的研究，深入探討死亡過程的異象與靈魂不滅的假設。顯像、附體、前世記憶、臨終體驗等現象是真是假？當生命結束後，人類某些「重要特質」會繼續存在嗎？本書有您想知道的答案。

超越死亡

霍華德・墨菲特／著
方蕙玲／譯

莎士比亞稱死亡為「未被發現的國土」，因為尚無人能像哥倫布發現新大陸一樣，在造訪該地之後回來向世人述說他的經歷。但自莎翁時代以降，有關這項古老秘密的研究工作，已有不一樣的風貌，本書即是其中的佼佼者。作者透過宗教、哲學、神秘主義以及經驗證明等比較觀點來檢視死亡，為我們揭開死後生命世界的奧秘。

生命的安寧

鈴木莊一等／著
徐雪蓉／譯

有別於一般病人，末期病人的醫療與照顧，需要我們投注更多的關懷與付出，才能幫助病人安寧地走完人生。本書六位作者分別站在醫療與宗教的角度，透過親身體驗，以「從初期護理看末期醫療與宗教」、「宗教對醫療之重要性」、「佛教福利與末期護理」、「日本療養院的宗教與醫療」為題，提出他們的看法，值得大家參考。

從癌症體驗的人生觀

田代俊孝／編
徐明達
黃國清／譯

當遭逢周圍親友身故,或曾經體驗死亡經驗時,對人生與事物的看法,將會有所改變,尤其有過癌症體驗的人更是如此。本書即是日本「探討生死問題研究會」以此為主題所收集的八篇演講實錄編輯而成。癌症雖可怕,卻也是生命的一大轉機。「向癌症學習」、「向死亡學習」,這樣的人生經驗,彌足珍貴。

心靈治療

佐佐木宏幹等／著
李玲瑜／譯

面對生死問題,人類的反應模式和其自身的「世界觀」有著密不可分的關係。自古以來,民俗宗教在醫療上所佔的地位,更是舉足輕重。但在宗教與醫療各自分工的現代社會,這種現象是否依然存在?民俗宗教與現代醫療如何相輔相成?信仰與精神醫學有何互動關係?新興宗教在日本社會又扮演何種角色?這些在本書中都有深入而廣泛的探討。

死而後生

田代俊孝／編
吳村山／譯

為了充實自我的人生,也為了能與面臨死亡的人同其感受,一起超越死亡的痛苦,深入探討死與生,不是很重要嗎?秉持這個宗旨,日本「探討生死問題研究會」定期舉辦研討會,並將演講內容彙集刊行,本書即其成果之一。正視死亡,才能讓生命更加充實。由生而死,從死看生,正有待我們認真玩味思索。

生命的抉擇

藤井正雄等／著
陳玉華
李金玲／譯

器官移植牽涉的層面極廣，它與人們的生死觀、民俗宗教信仰和對遺體的看法都有密切的關係。而不管從宗教、醫療或法律的角度去探討，贊成與反對雙方皆持之有故，不易取得共識。這種情形在日本尤為明顯。本書即是日本「醫療與宗教協會」就此議題所收的四篇專論。對於此一攸關生命的抉擇，您有何看法？本書提供您許多思考方向。

回歸真心

川喜田愛郎等／著
陳玉英／譯

人們常說，用心就能把每一件事做好。面對人生的生老病死，更需要我們秉持一顆真心，坦然以對，積極地尋求解決。本書四位作者分別以其專業素養，與讀者暢談醫療與生命倫理、生病的哲學、身心如何相輔相成，以及宗教的生命觀。從心出發、恢復本性，我們必能活得更加美好。